Dopingkontrolle

Informationen für Aktive, Betreuer und Ärzte
zur Bekämpfung
des Medikamentenmissbrauchs im Sport

Dirk Clasing
R. Klaus Müller

Die Deutsche Bibliothek — CIP-Einheitsaufnahme

Ein Titeldatensatz für diese Publikation ist bei der
Deutschen Bibliothek erhältlich

1. Auflage 2001
Sport und Buch Strauß GmbH
Olympiaweg 1, 50933 Köln

© Bundesinstitut für Sportwissenschaft, Köln

Druck: Druckerei Barz & Beienburg, Köln
Umschlaggestaltung: Dieter Wirth
Layout: Jutta Walczuch

ISBN 3-89001- 134-9
Printed in Germany

Inhaltsverzeichnis

Geleitwort

Doping gefährdet die Grundlagen des organisierten Sports. Es widerspricht dem Prinzip der Chancengleichheit, dem Leistungsprinzip und schadet der Gesundheit. Die Bekämpfung und Ächtung des Dopings sowie der Leistungsmanipulation sind daher zentrale und wichtige Aufgaben, denen sich sowohl die Sportverbände als auch der Staat angenommen haben. Im Mittelpunkt der Dopingbekämpfung stehen dabei selbstbestimmte und eigenverantwortlich handelnde Athleten. Diesem Leitbild genügen nur diejenigen, die sich über die Gefahren und Folgen ihres Tuns im Klaren sind. Hierzu leistet die vorliegende Broschüre einen Beitrag, indem sie einen Gesamtüberblick über alle Problemfelder der Dopingbekämpfung liefert.

Hierzu zählen insbesondere:

- die rechtlichen Grundlagen,
- die Liste der verbotenen Substanzen und verbotenen Methoden,
- die Durchführung der Dopingkontrollen,
- die Analytik zum Dopingnachweis sowie
- die Folgen eines positiven Dopingbefundes.

Abgerundet wird die Darstellung schließlich durch Hinweise, wo weitergehende Informationen und Auskünfte in besonders gelagerten Problemfällen zu erhalten sind. Adressaten dieser Broschüre sind jedoch nicht nur die Athleten, sondern auch deren sportliches Umfeld, also die Trainer, Berater, Betreuer und die Eltern, auf deren Rat die Athleten angewiesen sind und denen sie Vertrauen entgegenbringen.

Den Autoren danke ich an dieser Stelle für das gelungene Werk und Wünsche der Broschüre, dass es ihr gelingen möge, die Zahl der Athleten zu verringern, die aus Unachtsamkeit oder aus schlichter Unkenntnis in die „Dopingfalle" mit all den damit verbundenen nachteiligen Konsequenzen tappen.

Prof. Dr. Ulrich Haas
Vorsitzender der gemeinsamen Anti-Doping-Kommission von DSB und NOK

Vorwort

Dopingbekämpfung war und ist eine der wichtigsten Aufgaben des Bundesinstituts für Sportwissenschaft. Von daher möchte ich den Autoren, Professor Dirk Clasing und Professor R. Klaus Müller danken, dass sie in übersichtlicher Form und verständlicher Sprache eine an Athleten, Betreuer und Ärzte gerichtete Schrift vorbereitet haben. Beide Autoren arbeiten seit Jahren mit dem Bundesinstitut für Sportwissenschaft zusammen.

Bereits 1972, nach den Olympischen Spielen von München, hat das Bundesinstitut für Sportwissenschaft die Zusammenarbeit mit den damaligen Organisatoren und Verantwortlichen für die Dopingkontrollen begonnen. Zu ihnen gehörte auch Professor Dirk Clasing, der in der Folgezeit zwar in eine Laufbahn bei der Polizei einschwenkte, der Dopingbekämpfung aber inhaltlich verbunden blieb. Von seinem Wirken in der Dopingbekämpfung machte er wenig Aufheben. Durch solide Basisarbeit wurde er zu einem zuverlässigen Partner, insbesondere in den medizinischen Fragen der Dopingbekämpfung. Mit dem 1995 viel zu früh verstorbenen Professor Manfred Donike, Leiter des Biochemischen Instituts an der Deutschen Sporthochschule Köln, als Weggefährten bildete er ein kompetentes wissen-

schaftliches Team, dessen Rat in Dopingbekämpfungsfragen bei
den Entscheidungsträgern des Sports und des Staates gefragt
und unverzichtbar war. Dem Bundesinstitut für Sportwissenschaft ist Professor Clasing seit ebenso vielen Jahren verbunden, er ist Mitglied des Fachausschusses"Dopinganalytik und
spezielle Biochemie".

Nachdem Professor Clasing lange in der Arbeitsgruppe Anti-
Doping mitgewirkt hatte, vollzog er auch die nach der Wieder-
vereinigung eingeleitete Strukturänderung der Dopingbekämpfung mit. Fortan setzte er seinen medizinischen Rat in der Anti-
Doping-Kommission des Deutschen Sportbundes und des
Nationalen Olympischen Komitees ein. Dabei galt seine besondere Aufmerksamkeit der Beratung der Sportler, um sie vor
unbeabsichtigter Einnahme verbotener Wirkstoffe zu schützen.

Professor Dr. R. Klaus Müller wirkt am Institut für Gerichtliche
Medizin der Universität Leipzig, ist dort u.a. Leiter des Post-
gradualstudiums Toxikologie und Umweltschutz sowie seit
1993 Mitglied der Ethikkommission der Medizinischen Fakul-
tät. Im Jahr 1992 wurde Professor Müller zum Leiter (im
Nebenamt) des Instituts für Dopinganalytik und Sportbiochemie
(IDAS) in Kreischa ernannt, das er nach faktischer Abwicklung
des Vorgängerlabors neu etablierte. 1994 erhielt das Institut
wieder die IOC-Akkreditierung.

Seit 1996 ist Professor Müller Bundesbauftragter für Dopinganalytik, seit 1997 Vorsitzender der Arbeitsgruppe Wissenschaft zur Antidopingkonvention des Europarates und im Jahr 2000 wurde er in das Komitee Gesundheit/Medizin/Wissenschaft der World Antidoping Agency (WADA) berufen. Daneben gehört Professor Müller weiteren Fachgremien und Gesellschaften im Bereich der Toxikologie an.

Die vorliegende Broschüre ist aus der seit 1995 währenden Zusammenarbeit der Professoren Clasing und Müller entstanden. Es ist zu hoffen, dass Professor Clasing auch nach Vollendung seines 65. Lebensjahres am 30. Juni 2000 und Professor Müller auch nach anstehendem Ausscheiden aus den Diensten der Universität Leipzig ihren Rat weiter dem Bundesinstitut für Sportwissenschaft und damit dem Sport zur Verfügung stellen werden.

Möge diese Broschüre zur Aufklärung im Kampf gegen Doping beitragen.

Dr. Martin-Peter Büch
Direktor des Bundesinstituts für Sportwissenschaft

1   Einführung

Zu den Aufgaben der gemeinsamen Anti-Doping-Kommission von Deutschem Sportbund und Nationalem Olympischen Komitee (ADK DSB/NOK) gehört neben der Durchführung und Weiterentwicklung eines einheitlichen Doping-Kontroll-Systems (DKS) in Deutschland auch die Erstellung und Verbreitung von Aufklärungs- und Erziehungsmaterial zur Problematik von Doping im Sport. Mit dieser Broschüre sollen Informationen an Aktive und Betreuer sowie Ärzte weitergegeben werden.

Die ADK DSB/NOK steht auch als Anlaufstelle für Sportler, Trainer, Betreuer und Eltern zur Verfügung, um Sorgen und Probleme in Dopingfragen äußern zu können.

Beim Referat Anti-Doping des DSB in Frankfurt können Auskünfte über verbotene und erlaubte Medikamente eingeholt werden.

Der Kontakt soll nur schriftlich erfolgen:

Fax der ADK: 069-672581

e-mail: adk@dsb.de

Prof. Dr. med. Dirk Clasing

Stellvertretender Vorsitzender der ADK DSB/NOK
Universität Münster,
FB Psychologie und Sportwissenschaft
Privatanschrift:
Lohöfenerweg 31, 48153 Münster

Prof. Dr. rer. nat. R. Klaus Müller

Universität Leipzig, Institut für Rechtsmedizin;
Leiter des Instituts für Dopinganalytik und Sportbiochemie in
Kreischa
Dresdnerstr. 12, 01731 Kreischa

2 Dopingdefinitionen

Die Einnahme „verbotener" Medikamente im Sport wird als Doping bezeichnet. Ende der 50er und Anfang der 60er Jahre standen die Amphetamine und ähnliche Wirkstoffe in der Diskussion. Heute dreht sich das Geschehen um hormonelle Unterstützung. Anabolika, Testosteron, Wachstumshormon, Erythropoietin u.ä. sind jetzt die Schlagworte. Die ersten internationalen Fachverbände haben 1967 Listen verbotener Substanzen aufgestellt und die ersten Dopingkontrollen in ihren Bereichen durchgeführt. In der Zwischenzeit ist das Internationale Olympische Komitee (IOC) mit seiner Medizinischen Kommission Wortführer für alle olympischen Sportarten geworden.

Im Laufe der Jahre hat es zahlreiche Versuche gegeben Doping zu definieren. Bislang ist keine Definition gefunden worden, die alle Probleme umfasst. Hier eine kleine Auswahl:

- Jedes Medikament – ob es wirksam ist oder nicht – mit der Absicht der Leistungssteigerung vor dem Wettkampf gegeben, ist als Doping zu betrachten *(Deutscher Sportärztebund, 1952).*

- Doping ist die Verabreichung einer auf welchem Wege auch immer eingeführten körperfremden Substanz oder physiologischen Substanz in abnormalen Mengen oder auf abnormalem Wege an ein gesundes Individuum bzw. der Gebrauch durch dasselbe zum Zwecke der künstlichen und unfairen Leistungssteigerung während der Wettkampfteilnahme *(Europarat, 1963/1965)*.

- Doping ist der Versuch, eine Steigerung der Leistungsfähigkeit des Sportlers durch unphysiologische Substanzen für den Wettkampf zu erreichen *(Deutscher Sportbund, 1970)*.

- Doping ist der Versuch, einer unphysiologischen Steigerung der Leistungsfähigkeit des Sportlers durch Anwendung (....) einer Doping-Substanz durch den Sportler oder eine Hilfsperson (....) vor oder während eines Wettkampfes und für anabole Hormone auch außerhalb des Wettkampfes (Deutscher Sportbund, 1991).

- Doping ist der Versuch der Leistungssteigerung durch die Anwendung (Einnahme, Injektion oder Verabreichung) von Substanzen der verbotenen Wirkstoffgruppen oder durch die Anwendung verbotener Methoden (z.B. Blutdoping). Die Liste der verbotenen Substanzen umfasst z.B. Stimulantien, Narkotika, anabole Substanzen, Diuretika, Peptidhormone und Verbindungen, die chemisch, pharmakologisch oder von der angestrebten Wirkung her verwandt sind, sowie Cannabinoide *(Deutscher Sportbund, 1999)*.

- Doping im Sport bedeutet die Verabreichung pharmakologischer Gruppen von Dopingwirkstoffen oder Dopingmethoden an Sportler und Sportlerinnen oder die Anwendung solcher Wirkstoffe oder Methoden durch diese Personen (Europarat, 1989).

- Das Anti-Doping-Regelwerk der Olympischen Bewegung ist im wesentlichen dafür gedacht, die Achtung der ethischen Konzepte zu gewährleisten, wie sie im Fair Play, im Olympischen Geist und in der medizinischen Praxis enthalten sind, sowie für die Gesundheit der Sportler und Sportlerinnen Sorge zu tragen. Doping widerspricht den Grundprinzipien des Olympischen Gedankens, des Sports und der medizinischen Ethik. Somit ist Doping verboten.

Als Doping gilt

➢ **die Existenz eines verbotenen Wirkstoffs im Körper eines Sportlers/einer Sportlerin oder**

➢ **Nachweis der Verwendung eines verbotenen Wirkstoffs aus dem Urin oder**

➢ **der Nachweis des Einsatzes einer verbotenen Methode.**

Arzneimittelgesetz

In der Neufassung des Arzneimittelgesetzes (11. September 1998) wird Doping erstmals als Straftatbestand genannt. In § 6a heißt es:

„Es ist verboten, Arzneimittel zu Dopingzwecken im Sport in den Verkehr zu bringen, zu verschreiben oder bei anderen anzuwenden."

Die Strafvorschriften in § 95, 2a sehen Freiheitsstrafe bis zu drei Jahren oder Geldstrafe vor.

Das Gesetz zu dem Übereinkommen vom 16. November 1989 gegen Doping – **Anti-Doping-Convention des Europarates** vom 02. März 1994 – enthält die jährlich aktualisierte Bezugsliste der pharmakologischen Gruppen von Dopingstoffen und Dopingmethoden nach dem IOC-Reglement.

3   Listen verbotener Substanzen

Die ersten internationalen Fachverbände haben 1967 Listen verbotener Substanzen aufgestellt und die ersten Dopingkontrollen in ihren Bereichen durchgeführt.

Die aktuelle Definition (31. Januar 2001) der Medizinischen Kommission des IOC besagt:

Doping widerspricht der Ethik sowohl im Sport als auch in der Medizin.

Doping besteht aus:

➤ **der Verabreichung von Wirkstoffen, die verbotenen Gruppen pharmakologischer Wirkstoffe angehören und/oder**

➤ **dem Einsatz verbotener Methoden.**

Die aktuelle Liste der **verbotenen Wirkstoffgruppen und Methoden** lautet:

I. Verbotene Wirkstoffgruppen

    A. Stimulantien

    B. Narkotika

    C. Anabole Wirkstoffe

    D. Diuretika

    E. Peptidhormone und entsprechende Wirkstoffe

II. Verbotene Methoden

    1. Blutdoping

    2. Verabreichung von künstlichen Sauerstoffträgern oder Plasmaexpandern

    3. Pharmakologische, chemische oder physikalische Manipulation (des Urins)

III. Wirkstoffgruppen, zugelassen nur mit gewissen Einschränkungen

    A. Alkohol

    B. Cannabinoide

    C. Lokalanästhetika

    D. Glukokortikosteroide

    E. Beta-Blocke

Die Listen der einzelnen internationalen Fachverbände – folglich dann auch der nationalen – **können gering unterschiedlich aussehen.** Das IOC ist z.Z. „Wortführer" und gibt die Richtung an. Entscheidend sind jedoch die Regeln des zuständigen Fachverbandes.

Verboten sind ferner Substanzen, die chemisch, pharmakologisch oder von der angestrebten Wirkung her zu den verbotenen Wirkstoffgruppen gehören. Diese Definition gestattet es, jede neue Substanz, die zu einer dieser Kategorien gehört, von vornherein zu verbieten.

Medikamente, die auf der Liste der verbotenen Substanzen stehen, dürfen auch zur Behandlung nicht genommen werden, sofern der Sportler noch im Wettkampf steht. Es ist zu beachten, dass manche Medikamente im Körper nur langsam verarbeitet und ausgeschieden werden.

Hier werden als Beispiele nur Medikamente genannt, die in Deutschland im Handel sind.

3.1 Stimulantien

Einige Wirkstoffe als Beispiele (laut IOC-Liste):

Amfepramon, Amineptin, Amiphenazol, Amphetamin, Bambuterol, Bromantan, Bupropion, Carphedon, Cathin (Norpseudoephedrin), Cocain, Cropropamid, Crotethamid, Ephedrin, Etamivan, Etilamphetamin, Etilefrin, Fencamfamin, Fenetyllin, Fenfluramin, Formoterol, Heptaminol, Koffein, Mefenorex, Mephentermin, Mesocarb, Methamphetamin, Methylendioxyamphetamin, Methoxyphenamin, Methylephedrin, Methylphenidate, Nikethamid, Norfenfluramin, Parahydroxyamphetamin, Pemoline, Pentetrazol, Phendimetrazin, Phentermin, Phenylephrin, Phenylpropanolamin, Pholedrin, Pipradrol, Prolintan, Propylhexedrin, Pseudoephedrin, Repoterol, Salbutamol, Salmeterol, Selegilin, Strychnin, Terbutalin.

Einige Medikamente mit den angeführten verbotenen Wirkstoffen als Beispiele:

Aarane (Repoterol), Allergospamin (Repoterol), Adyston® (Norfenefrin, Pholedrin), Antiparkin® (Selegilin), Asthma 6®-N-flüssig (Ephedrin), Bambec® (Bambuterol), Bricanyl® (Terbutalin), Captagon® (Fenetyllin),

Effortil® (Etilefrin), Ephepect® Pastillen (Ephedrin), Medigel® Gel (Ephedrin), Normotin® (Etamivan, Heptaminol), Nux vomica Oligoplex Liquidum (Strychnin), Regenon® (Amfepramon), Ritalin® (Methylphenidat), Salbulair® (Salbutamol) Salmundin® (Salbutamol), Tradon® (Pemolin), Wick MediNait®, Erkältungssaft für die Nacht (Ephedrin).

In Deutschland nicht mehr im Handel: Eventin® (Propylhexedrin), Katovit® (Prolintan), Pervitin® (Methylamphetamin).

3.1.1 Amphetamine

Unter den Stimulantien sind die Phenyläthylaminabkömmlinge die klassischen Dopingmittel. Sie sind strukturmäßig den körpereigenen Katecholaminen (wie Adrenalin und Noradrenalin) verwandt. Marktführer sind Amphetamin und Methamphetamin (Pervitin®). Durch den Einsatz von Pervitin® bei den Kampffliegern und Sturmspitzen während des Zweiten Weltkrieges wurde dessen wachhaltende und aufputschende Wirkung weltweit bekannt. Amphetamin ist heute in der Bundesrepublik nur in maskierter Form im Handel. Captagon® (Fenetyllin) war wohl das bekannteste, leicht zugängige (obwohl damals rezeptpflichtige) Dopingmittel, das wegen seiner stark stimulierenden Wirkung auch in weiten Bevölkerungskreisen als Aufputschmittel verwendet wurde. Seit dem 01. August 1986 unterliegt es dem Betäubungsmittelgesetz. Im Körper metabolisiert Fenetyllin zu Amphetamin. Diese Wirkstoffe wurden/werden während des Wettkampfes genommen, um die Ausdauerleistung zu verbessern.

Beim Einsatz der Amphetamine steht die zentralstimulierende Wirkung im Vordergrund. Es kommt zu einem Gefühl psychischer Aufgewecktheit, erhöhten Selbstbewusstseins und Selbstvertrauens sowie größeren Konzentrationsvermögens. Aufmerksamkeit und Leistungsbereitschaft nehmen zu. Das Ermüdungsgefühl wird unterdrückt. Tiefer Schlaf kann durchbrochen werden. Die Koordination – bei monotonen vielfach reproduzierten Bewegungsabläufen – wird verbessert. Insgesamt gesehen nimmt die Arbeitsleistung für den Ausdauerbereich insbesondere im ermüdeten Zustand zu. Zwangsläufig sind dann die Erschöpfung tiefer und die Erholungszeit verlängert.

Die Einnahme von Amphetaminen unter hoher sportlicher Belastung ist nicht ohne Risiko. So steigen systolischer und diastolischer Blutdruck, Herzfrequenz und peripherer Widerstand an. Der Blutfluss zur Haut wird gedrosselt. Es kommt zur Hyperthermie (Hitzschlag) unter Belastung besonders in feuchtheißem Klima. Hohe Konzentrationen bewirken neuromuskuläre Blockade durch einen curareähnlichen Effekt. Orientierungslosigkeit, Verwirrtheit, Halluzinationen und Ängstlichkeit wirken sich nachteilig auf die Leistungsfähigkeit aus. Es besteht die Gefahr lebensbedrohlicher Zustände, wenn zusätzliche Noxen wie Hitze, Höhe (mit vermindertem Sauerstoffdruck), Dehydrierung (Entwässerung), Verletzungen u.ä. hinzukommen.

Die von den Sportlern missbräuchlich eingenommenen Dosen von Amphetamin und Methamphetamin übersteigen die sog. therapeutischen um ein Vielfaches. Bei Radfahrern wurde über Gaben von mehr als 100 mg Amphetamin pro Tag berichtet. Chronischer Missbrauch führt zur Toleranz und immer steigenden Dosen. Psychische Störungen hin bis zum Selbstmord infolge Depression, soziale Entgleisung, Sucht und Drogenhandel wurden beobachtet. Für diese Wirkstoffe gibt es heute praktisch keine therapeutische Indikation mehr. Gezielte Dopingkontrollen und Aufklärungsarbeit haben bewirkt, dass die Amphetamine im Sport heute keine besondere Rolle mehr spielen. Sie sind jedoch über den Suchtmittelmarkt (Ecstasy) zurückgekommen.

3.1.2   Ephedrin

Zu den Stimulantien gehören auch die Ephedrine. Viele der gängigen teilweise rezeptfreien Mittel, die in der täglichen Praxis zur Behandlung von fieberhaften Infekten und Erkältungskrankheiten eingesetzt werden enthalten Ephedrin, Pseudoephedrin, Norephedrin, Norpseudoephedrin und ähnliche Substanzen. Gegen den Einsatz dieser Medikamente in der Behandlung von Sportlern bestehen grundsätzlich keine Bedenken, nur in unmittelbarem Wettkampfzusammenhang sind sie verboten.

Bei bestimmungsgemäßem Gebrauch und Absetzen der Wirkstoffe 36-48 Stunden vor dem Wettkampf ist ein positiver Urinbefund nicht zu erwarten.

3.1.3   Beta-2-Agonisten

Beta-2-Agonisten – insbesondere Salbutamol – werden als Stimulantien und als anabole Wirkstoffe klassifiziert.

Zur Behandlung einer obstruktiven Lungenerkrankung, eines allergischen oder eines Anstrengungsasthmas dürfen Ephedrin wie auch Kortikosteroide (systemisch) nicht eingesetzt werden. Mittel der Wahl sind heute Beta-2-Agonisten. Diese unterliegen jedoch grundsätzlich dem Dopingverbot. Um den betroffenen Sportlern zu helfen, hat das IOC folgende Wirkstoffe als **Inhalation** zugelassen: Salbutamol, Salmeterol, Terbutalin.

Nur die Anwendung durch Inhalation ist zur Vorbeugung von (allergischem) Asthma und/oder Anstrengungsasthma erlaubt. Ein lungenfachärztliches Attest muss vorgelegt werden. Die Einnahme in Tablettenform oder als Injektion ist nicht gestattet.

Untersuchungen mit hochtrainierten Läufern belegen, dass die Gabe von Salbutamol an Lungengesunde keinen leistungssteigernden Effekt hat (MORTON, 1992). Die vielfach geübte Praxis von lungengesunden Ausdauersportlern mit Beta-2-Agonisten zu arbeiten, muss als obsolet betrachtet werden.

Werden Beta-2-Agonisten wie Clenbuterol oder Salbutamol systemisch gegeben, kann es zu anabolen Effekten kommen. Die mögliche Wirkung ist gegenüber anabolen/androgenen Steroiden schwächer. Als Nebenwirkungen sind – abhängig von der Dosierung – Zittern, Kopfschmerzen, Schlafstörungen, Nervosität, Temperaturerhöhung u.ä. bekannt geworden (DI PASQUALE, 1992, MARTINEAU, 1992).

3.1.4   Koffein

Koffein kommt in einer Reihe von Pflanzen vor, die als Genussmittel gebraucht werden. Koffein findet sich in Getränken (Kaffee, Tee, Cola) und in einigen Schmerzmitteln. Koffein wirkt vornehmlich auf die Hirnrinde. Der kortikale Effekt therapeutischer Koffein-Mengen hängt von der Ausgangslage der Probanden ab. Die Ermüdung verschwindet, die geistige Aufnahmefähigkeit, das Merkvermögen und die Denkfähigkeit werden gesteigert. Höhere Dosen erzeugen u.a. Ideenflucht, Ruhelosigkeit, Tremor, Nervosität, Magenbeschwerden.

Über die Wirkung von Koffein auf die sportliche Leistung gibt es unterschiedliche und widersprüchliche Untersuchungsergebnisse. Offensichtlich verbessert Koffein nur die Ausdauerleistung im mittleren Belastungsbereich bei einer Belastungsdauer von über einer Stunde durch Anregung des Fettmetabolismus bei Schonung der Glykogenreserven.

Da Koffein in verschiedenen Getränken zur täglichen Ernährung gehört, wurde eine maximal erlaubte Urinkonzentration von 12 µg/ml festgelegt. Diese ist bei durchschnittlichem Kaffeegenuss (1-3 Tassen zu je 100 mg Koffein) nicht zu erreichen. JACOBSON (1989) gibt an, dass die kritische Konzentration 500 bis 600 mg Koffein oder fünf bis sechs Tassen Kaffee in einer bis zwei Stunden entspricht.

3.2   Narkotika

Einige Wirkstoffe als Beispiele (laut IOC-Liste):

Buprenorphin, Dextromoramid, Diamorphin (Heroin), Hydrocodon, Methadon, Morphin, Pentazocin, Pethidin.

Einige Medikamente mit den angeführten verbotenen Wirkstoffen als Beispiele:

Dicodid® (Hydrocodon), Dolantin® (Pethidin), Fortral® (Pentazocin), L-Polamidon® (Methadon), Morphin Merck/Heumann (Morphin), Temgesic® (Buprenorphin).

Da die Betäubungs- und starken Schmerzmittel den Vorschriften des Betäubungsmittelgesetzes unterliegen, ist ihre Anwendung im Wettkampf außer jeder Diskussion. Wesentliche Dopingfälle sind in den letzten Jahren nicht bekannt geworden.

Zu den bedeutenden Nebenwirkungen bei chronischem Missbrauch von Opiaten und Morphinen gehören die Toleranzentwicklung sowie die psychische und physische Abhängigkeit gleich Sucht.

Als erlaubte Schmerzmittel und auch Hustenblocker nennt das IOC:

Codein (Codipront®), Dextromethorphan (Arpha), Dextropropoxyphen (Develin®), Dihydrocodein (Paracodin®), Ethylmorphin, Pholcodin, Propoxyphen und Tramadol (Tramal).

3.3   Anabole Wirkstoffe

Einige Wirkstoffe als Beispiele (laut IOC-Liste):

Androgene anabole Steroide

Androstendiol, Androstendion, Boldenon, Clostebol, Danazol, Dehydrochlormethyltestosteron, Dehydroepiandrosteron (DHEA), Dihydrotestosteron, Drostanolon,

Fluoxymesteron, Formebolon, Gestrinon, Mesterolon, Metandienon, Metenolon, Methandriol, Methyltestosteron, Miboleron, Nandrolon, 19-Norandrostenediol, 19 Norandrostenedion, Norethandrolon, Oxandrolon, Oxymesteron, Oxymestholon, Stanozolol, Testosteron, Trenbolon.

Einige Medikamente mit verbotenen Wirkstoffen als Beispiele:

Andriol® (Testosteron), Deca-Durabolin® (Nandrolon), Megagrisivit® (Clostebol), Primobolan® (Metenolon), Proviron® (Mesterolon), Testosteron ... (Testosteron).

In Deutschland nicht mehr im Handel: Dianabol® (Metandionon), Oral-Turinabol® (Dehydrochlormethyltestosteron).

Beta-2-Agonisten

Bambuterol, Clenbuterol, Fenoterol, Formoterol, Repoterol, Salbutamol, Salmeterol, Terbutalin

Einige Medikamente mit verbotenen Wirkstoffen als Beispiele:

Aarane (Repoterol), Allergospasmin (Repoterol), Bambec® (Bambuterol), Berotec® (Fenoterol), Bronchospasmin® (Repoterol), Contraspasmin® (Clenbuterol), Spasmo-Mucosolvan® (Clenbuterol), Spiropent® (Clenbuterol).

Die Wirkstoffe Salbutamol, Salmeterol und Terbutalin sind nur zur Inhalation, als Ampullen, Elixier, Kapseln, Tabletten jedoch nicht erlaubt:

> Apsomol 8 mg (Salbutamol), Bricanyl® (Terbutalin), Butaliret® (Terbutalin), Butalitab® (Terbutalin), Contimit® (Terbutalin), Loftan® (Salbutamol), Salbulair® (Salbutamol), Salbutamol......(Salbutamol), Salmundin® (Salbutamol), Terbul® (Terbutalin), Terbutalin......(Terbutalin), Terbuturmant® (Terbutalin), Volmac (Salbutamol).

Der Beginn der Anabolika-Einnahme im Sport liegt Anfang bis Mitte der 50er Jahre. 1954 erschienen die ersten Berichte, dass russische Sportler und Sportlerinnen anabole Wirkstoffe nehmen würden, um Kraft und Gewicht zu erhöhen. Mit den Olympischen Spielen (OS) 1960 in Rom kamen diese Wirkstoffe unter dem Namen Dianabol® nach Europa. Die ausreichend sichere Identifizierung der anabolen Wirkstoffe für Dopingkontrollen war erst zu den OS 1976 in Montreal möglich. Die erforderlichen Kontrollen im Training werden jedoch erst seit 1989 bedingt praktiziert.

Unter den männlichen Keimdrüsenhormonen besitzt das Testosteron die stärkste androgene und anabole Wirkung. Es wird beim Mann in einer Menge von 5-10 mg/Tag gebildet. Die

Plasmakonzentration beträgt 0,6 ng/ml (bei einer Frau 0,1 ng/ml). Davon sind 98% an das sexualhormonbindende Globulin (SHBG) gebunden. Die Testosteronproduktion nimmt mit zunehmendem Alter ab. Selbst schwere Trainingsarbeit beeinflusst die Serumtestosteron-Konzentration bei Spitzensportlern nicht (HAUG, 1994).

Androgene (geschlechtsspezifische) Wirkungen sind das Wachstum der männlichen Fortpflanzungsorgane (Samenleiter, Prostata, Vesikulardrüsen, Penis), Bartwuchs, viriles (männliches) Behaarungsmuster, Stimmlagenänderung, Wachstum des Kehlkopfes, vermehrte Produktion der Talgdrüsen. **Anabole** (eiweißanbauende) Wirkungen sind Zunahme der Muskelmasse, Verringerung des Fettanteils am Gesamtkörpergewicht, Verringerung des Eiweißabbaus, positive Stickstoffbilanz, Vermehrung der Erythrozyten und der Hämoglobinkonzentration, Wirkung auf die Knochenreifung.

Anabolika (anabole Steroide) werden synthetisch hergestellt. Sie leiten sich vom Testosteron ab. Sie haben vornehmlich die vorgenannten eiweißanbauenden (anabolen), aber auch die geschlechtsspezifischen (androgenen) Wirkungen. Ihre wichtigsten Eigenschaften sind: Neubildung von Eiweiß, anregende Wirkung auf die Bildung der roten Blutkörperchen und des Hämoglobins sowie die Knochenreifung. Der Einfluss andro-

gener/anaboler Steroide auf die Leistungsfähigkeit wird kontrovers diskutiert. Als Ursache für eine Leistungsverbesserung
unter androgenen/anabolen Wirkstoffen werden erhöhte
Aggressivität und verbesserte Motivation beim Training, anti-
kataboler Effekt und verbesserte Eiweißutilisation (Eiweiß-
bereitstellung) diskutiert.

Unsere Kenntnisse des Anabolikamissbrauchs durch Sportler
beiderlei Geschlechts unterschiedlicher Leistungsstärke sind
verständlicherweise auf Vermutungen angewiesen. Bedingt
geben die Ergebnisse von Dopingkontrollen und Umfragen sowie die Erkenntnisse aus dem DDR-Sport Hinweise. Es muss
davon ausgegangen werden, dass anabole Wirkstoffe nicht nur
im Hochleistungsbereich vieler Sportarten und bei Bodybuil-
dern, sondern auch von Sportlern und Sportlerinnen aus unteren
Leistungsklassen, dem Fitness- und Bodybuildingbereich sowie
auch von Nichtsportlern eingesetzt werden.

Die anabolen Wirkstoffe werden in bestimmten Phasen des
Trainings in Zyklen eingenommen: Diamond Pattern Cycle, the
Increase-as-you go Cycle, Cyclone, Stacking Cycle, Cutting
Cycle sind einige der gängigen Namen. Von der Medikamen-
teneinnahme unter speziellem Krafttraining verspricht man sich
einen zusätzlichen Leistungsanstieg.

BOOS u. Mitarb. (1998) haben erstmals in der Bundesrepublik mittels einer Fragebogenerhebung wertvolle Daten zum Medikamentenmissbrauch im Umfeld von kommerziellen Sportstudios gesammelt. Es antworteten 204 Männer, von denen gaben 24 % Erfahrungen mit der missbräuchlichen Einnahme anaboler Wirkstoffe an. Zu diesen gehörten u.a. Stanozolol, Testosteron, Nandrolon, Clenbuterol.

Mit dem Internet steht ein Medium auf der Seite der User, das diesen „wertvolle" Tips zugänglich macht. **The Steroid Bible** für $ 24.95 verspricht: „Everything You ever wanted to know about anabolics". Infos zu den weltweit gängigen androgenen/ anabolen Wirkstoffen kann man erhalten. **Underground Sports** bietet recht preiswert die gewünschten Substanzen und Ernährungspräparate an.

Die **Nebenwirkungen** einer Einnahme von androgenen/ anabolen Hormonen sind abhängig von den Wirkstoffen sowie von der Dauer und der Höhe der Dosierung. Es werden Abfall des HDL-Cholesterins mit der Gefahr der Gefäßverkalkung, Abnahme des Hodenvolumens und Reduktion der Spermatogenese bis zur Unfruchtbarkeit, Gynäkomastie (Brustwachstum bei Männern), Rhabdomyolyse (Muskelauflösung), Leberzellveränderungen, Steroidakne, psychische Störungen und vorzeitiger Verschluss der Wachstumsfugen bei Heranwachsenden beobachtet.

Die aufgeführten Risiken der Einnahme androgener/anaboler Steroide treffen in Teilen auch für Frauen zu. Zusätzlich können Veränderungen im Sinne von **Virilisierung** (Vermännlichung) wie dunkle, übermäßige Gesichts- und Körperbehaarung, tiefere Stimme, typische männliche Glatzenbildung, Akne sowie Menstruationsstörungen auftreten.

In dem Beitrag „The death of Andreas Münzer" werden die Wirkstoffe aufgelistet, die der Bodybuilder in den letzten Wochen vor seinem Tod einnahm. Nur ein kleiner Ausschnitt: täglich u.a. 40 Tabletten Halotestin, 80 Tabletten Stromba, je zwei Injektionen Stromba bzw. Masteron, 24 IE Gh, 20 IE Insulin und dazu EPO. Hinweise zum Vermeiden, Betrügen, Umgehen von Dopingkontrollen sind folgerichtig auch im Internet zu finden.

Andreas Münzer, Uwe Beyer, Ralf Reichenbach prominente Anabolika-User sollten mit ihrem frühen Tod vor Missbrauch warnen. Dieser beginnt, wie BOOS u. Mitarb. (1998) dargestellt haben, häufig in den Sportstudios, wenn nach rund zwei Jahren kein Trainingsfortschritt mehr erzielt wird.

Die ausreichend sichere Identifizierung der körperfremden Anabolika war erst zu den OS 1976 in Montreal möglich. Somit konnten auch dort erst Kontrollen auf Anabolika durchgeführt werden.

Der Nachweis des Testosteron-Missbrauchs ist erschwert, da das körpereigene nicht von dem aufgenommenen unterschieden werden kann. Das Verhältnis von Testosteron zum Epitestosteron gilt als Indikator für exogene Testosteron-Zufuhr. Die Konstanz dieses Verhältnisses gibt eine sehr klare Auskunft über die Testosteron-Produktionsrate, da bei einem starken Abfall der körpereigenen Testosteron-Produktion auch ein Abfall des Testosteron/Epitestosteron-Quotienten zu erwarten ist. Langzeituntersuchungen bei professionellen Radrennfahrern während der Tour de Suisse ergaben, dass das Testosteron/Epitestosteron-Verhältnis bei der Rundfahrt in engen Grenzen konstant geblieben ist. Untersucht man Sportler im Höhentraining, findet man ebenfalls keine Veränderung im Steroidprofil. Die missbräuchliche Anwendung von Testosteron wird angenommen, wenn der Testosteron/Epitestosteron-Quotient den Wert von 6 übersteigt.

Die erforderlichen sinnvollen Kontrollen im Training wurden jedoch erst seit 1989 (bedingt) praktiziert (DONIKE, 1996).

3.4   Diuretika

Einige Wirkstoffe als Beispiele (laut IOC-Liste):

Acetazolamid, Bendroflumethiazid, Bumetanid, Canrenon, Chlortalidon, Etacrynsäure, Furosemid, Hydrochlorothiazid, Indapamid, Mannitol, Mersalyl, Spironolacton, Triamteren.

Einige Medikamente mit den angeführten verbotenen Wirkstoffen als Beispiele:

Burenix® (Bumetanid), Dytide® H (Triamteren, Hydrochlorothiazid), Lasix® (Furosemid), Hydromedin® (Etacrynsäure), Triamteren...(Triamteren, Hydrochlorothiazid).

Diuretika bewirken eine vermehrte Urinausscheidung und damit erhöhten Wasser- und Salzverlust. Sie werden bei Patienten zur Ausschwemmung von Ödemen und in der Bluthochdruckbehandlung eingesetzt. Nebenwirkungen sind u.a. Dehydrierung (Austrocknung), Hypovolämie (Verringerung der Gesamtkörperflüssigkeit) und damit Beeinträchtigung der Ausdauerleistungsfähigkeit. Durch den Salzverlust kann es zu Muskelkrämpfen kommen.

Mit dem Verbot der Diuretika soll nicht nur einer unsinnigen Gewichtsreduktion bei Sportlern oder Sportlerinnen, die in Gewichtsklassen starten, Einhalt geboten werden. Es soll auch eine mögliche Manipulation bei der Urinabgabe verhindert werden. Über einen gezielten Einsatz von Diuretika und ausreichendes Trinken nach Wettkampfende könnte ein geringer konzentrierter Urin produziert werden. Die analytischen Nachweismöglichkeiten wären dadurch möglicherweise erschwert.

3.5   Peptidhormone, Mimetika und Analoge

Die verbotenen Wirkstoffe dieser Gruppe schließen folgende Beispiele sowie die jeweiligen Releasing-Faktoren (Freisetzungsfaktoren) und deren analoge Wirkstoffe ein:

Choriongonadotropin (hCG) verboten nur für Männer,

Hypophysäre und synthetische Gonadotropine (LH) verboten nur für Männer

Corticotrophin (ACTH, Tetracosactid),

Wachstumshormon (hGH, Somatropin),

Insulinartiger Wachstumsfaktor (IGF-1), Somatomedin C,

Erythropoietin (EPO),

Insulin.

Dazu gehören auch Clomifen, Cyclofenil, Tamoxifen und Aromatasehemmer, die nur für Männer verboten sind.

Einige Medikamente mit den angeführten verbotenen Wirkstoffen als Beispiele:

Choragon® (hCG), Clomhexal® (Clomifen), Erypo® (Erythropoietin), Genotropin (Somatropin), Humatrope® (Somatropin), Kryptocur® (Gonadorelin), LHRH Ferring (Gonadorelin), Lutrelef® (Gonadorelin), Neo-Recormon® (Erythropoietin), Norditropin® (Somatropin), Novaldrex® (Tamoxifen) Predalon® (hCG), Pregnesin® (hCG), Relefact® LH-RH (Gonadorelin), Synacthen® (Tetracosactid), Tamoxifen.(Tamoxifen).

3.5.1 Blutdoping – Erythropoietin (EPO) – künstliche Sauerstoffträger

Die Ausdauerleistungsfähigkeit ist wesentlich von dem Sauerstoffaufnahmevermögen abhängig. Dabei spielen das maximale Herzzeitvolumen sowie die Sauerstofftransportkapazität des Blutes die entscheidende Rolle. Mit Höhentraining, Bluttransfusionen und der Gabe von EPO wurde und wird versucht, die Ausdauerleistungsfähigkeit zu verbessern. Durch ein Training in der Höhe oder unter Höhenbedingungen, wie in einer Höhenkammer zur Vorbereitung auf Wettkämpfe im Flachland, sollen die leistungsbegrenzenden Systeme für Sauerstofftransport und Sauerstoffverwertung spezifisch angepasst werden. Der Erfolg dieses (erlaubten) Trainings wird kontrovers diskutiert.

Blutdoping dagegen stellt eine Manipulation mit Bluttransfusionen zur Erhöhung der Transportkapazität des Blutes für Sauerstoff dar. Die rasche Zufuhr von Erythrozyten führt zu einem Anstieg der Hämoglobin-(Hb)-Konzentration bzw. des Gesamtvolumens der Erythrozyten. Dieser Anstieg muss mehr als 5% betragen, soll es zu einer Verbesserung der Sauerstofftransportkapazität und somit zu einer Steigerung der Ausdauerleistungsfähigkeit kommen (GLEDHILL, 1982). Eigen- oder Fremdblut können transfundiert werden. Die Blutentnahme, Aufbewahrung und Retransfusion in direktem Wettkampfzusammenhang sind an eine aufwendige Infrastruktur mit kundigem Personal gebunden. Risiken bestehen in einer Erhöhung der Viskosität (Fließeigenschaft des Blutes) mit Veränderung der Fließeigenschaften in den Organen. Bei Fremdbluttransfusionen kann es zur Unverträglichkeit mit allergischen Reaktionen bis zur Schocksymptomatik, hämolytischen Reaktionen, Auftreten von Fieberschüben und Gelbsucht sowie zur Übertragung von Infektionskrankheiten (Hepatitis, AIDS u.a.) kommen. Bei korrekter Handhabung ist bei der Eigenbluttransfusion kein zusätzliches erhöhtes Risiko gegeben.

Während der OS 1988 in Calgary kam die Diskussion auf, dass EPO zur Erhöhung der Hämoglobinkonzentration und damit zur Verbesserung der Ausdauerleistungsfähigkeit eingesetzt würde. EPO ist ein Hormon der Niere. Sauerstoffmangel des Gewebes führt zur Ausschüttung von EPO. Dieses gelangt mit dem Blut ins Knochenmark und stimuliert dort die Zellteilung von Vorläuferzellen der Erythrozyten. Die Erythrozytenmasse und somit die Sauerstofftransportkapazität werden erhöht.. Die Entfernung oder Zerstörung der Nieren führt regelmäßig zur Entwicklung einer renalen Anämie (Blutarmut). Die Gabe von EPO kann die renale Anämie nahezu vollständig korrigieren.

Seit 1989 steht EPO gentechnologisch hergestellt als lebenswichtiges Medikament für Patienten mit chronischem Nierenversagen (Dialysepatienten) zur Verfügung.

EKBLOM und BERGLUND (1991) zeigten, dass nach einer sechswöchigen EPO-Behandlung (3 x 20 IU/kg pro Woche) bei 15 gesunden Sportstudenten Hb (von 15,5 + 0,4 auf 16,9 + 0,9 g/dl) und Hämatokrit (von 44,5 + 1,5 auf 49,7 + 1,9 %) deutlich anstiegen. Die maximale Sauerstoffaufnahme nahm von 4,52 + 0,45 auf 4,88 + 0,42 l/min zu. Somit verlängerte sich die Laufzeit bis zur Erschöpfung von 500 + 87 auf 583 + 97 s. Gleiche Effekte erzielten sie bei sieben der 15 Sportstudenten vier Monate zuvor mit Eigenbluttransfusion (1350 ml). Das Blut war zwei Monate vorher entnommen worden. Bei etwas geringerem Hb- und Hämatokritanstieg wurden eine vergleichbare Zunahme der maximalen Sauerstoffaufnahme und der Laufzeit bis zur Erschöpfung wie nach EPO festgestellt.

Unter EPO-Therapie entwickeln etwa 30% der Dialysepatienten eine arterielle Hypertonie (Bluthochdruck) oder eine bestehende Hypertonie erfordert eine Neueinstellung. Der Mechanismus ist nicht genau geklärt und beruht nicht ausschließlich auf einer Zunahme des Hämatokrits und der Blutviskosität. Die Neigung zu Thrombose wird durch die erhöhte Blutviskosität und eine leichte Zunahme der Thrombozyten erklärt.

Das Risiko einer Manipulation mit EPO bei einem gesunden Sportler liegt vornehmlich in der Möglichkeit, dass er bei erhöhter Viskosität des Blutes in Kombination mit der dauerleistungsbedingten Bradykardie (niedrige Herzschlagzahl) und Hypotonie (niedriger Blutdruck) eine Thrombembolie (Gefäßverschluss) erleidet. Bei unerwarteten Todesfällen von jungen Ausdauersportlern wird eine EPO-induzierte Thrombembolie zunehmend häufiger vermutet (RAMOTAR, 1990). Als kritische Grenze wird ein Hämatokrit von 55% angesehen. Ein Ausdauerleister kann seinen normalen Ausgangshämatokrit von 42 – 43 % bei einer Belastung in großer Hitze und durch den entstandenen Flüssigkeitsverlust auf 55 % steigern. Steht er unter

EPO und beginnt sein Rennen bei einem Hämatokrit von 52 – 58 %, kann der Wert im Ziel deutlich über 60 % liegen. In den darauffolgenden Tagen besteht die Tendenz zu weiterem Ansteigen. Diese Situation kann zu Herzversagen und Lungenödem führen (COWART, 1989). Der Gefahr der Bluteindickung versuchen die Sportler durch Einnahme von Aspirin und reichlich Flüssigkeit (auch in Form von Infusionen) zu begegnen.

Das IOC hat erst 1988 „Blutdoping" (Transfusion) und 1989 „Peptidhormone" auf seine Liste „Verbotene Wirkstoffe und Methoden" gesetzt. Unter Peptidhormonen wurde Erythropoietin. erstmals anlässlich der OS 1992 in Barcelona genannt. 1999 werden auch „künstliche Sauerstofftransportsubstanzen" aufgeführt. Damit ist Perfluorocarbon (PFC) gemeint.

Perfluorocarbon ist ein Designerhämoglobin für die Notfallmedizin. Es befindet sich z.Z. in der klinischen Prüfung. PFC kann in großen Mengen Gase, insbesondere Sauerstoff, binden. Es ist für Notfallpatienten gedacht, die durch Blutverlust eine Unterversorgung mit Sauerstoff erleiden. Bei missbräuchlichem Einsatz unter den Bedingungen von sportlichen Belastungen kann es zu einer erheblichen gesundheitlichen Gefährdung mit Störungen der Nieren-, Leber- und Lungenfunktion kommen. Erhöhte Körpertemperatur mit Fieberschüben und Kältegefühl treten auf.

EPO ist mittels Immunassay im Blut und Urin zu bestimmen. Ein sicherer Nachweis der missbräuchlichen Anwendung des gentechnologisch hergestellten EPO's ist bislang nicht möglich.

Zum Schutz der Gesundheit der Sportler und zur psychologischen Abschreckung vor dem EPO-Missbrauch haben einzelne internationale Sportverbände Präventivmaßnahmen ergriffen. Neben verstärkter Aufklärung werden Blutentnahmen zur Bestimmung des Hämatokrits bzw. der Hb-Konzentration unmittelbar vor den Wettkämpfen (pre-competition testing) durchgeführt. Bei Überschreitung der kritischen Grenze werden die Sportler und Sportlerinnen zum Schutz vor gesundheitlicher Gefährdung nicht zum anstehenden Wettkampf zugelassen. Die kritische Grenze liegt bei der *Fédération Internationale de Ski* (FIS) für die Skilangläuferinnen bei einem Hb-Wert von 16,5 und für die Skilangläufer bei 18,5 g/dl. Die Union Cycliste Internationale (UCI) hat den Hämatokrit-Grenzwert auf 50 % für Männer und 47 % für Frauen festgelegt. Beim Überschreiten der Grenzwerte handelt es sich nicht um Doping. Die Sportler und Sportlerinnen werden zum eigenen Schutz eine Zeit aus dem Wettkampfgeschehen genommen (CLASING, 1996).

Als mögliche Manipulation zum Absenken des Hämatokrits ist der Einsatz von Infusionen im Sinne von „Blutverdünnung" zu

sehen. Seit diesem Jahr wird die Verabreichung von Plasma-
expandern unter „verbotene Methoden" genannt.

3.5.2 Insulin

Insulin ist ein körpereigenes Hormon der Bauchspeicheldrüse.
Es spielt eine wichtige Rolle in der Regulierung des Zucker-
haushaltes. Wenn die körpereigene Produktion unzureichend ist,
wird über Injektionen unter die Haut die erforderliche Menge
zugeführt, um annähernd normale physiologische Verhältnisse
herzustellen. Die Gabe von Insulin ist zur Behandlung eines
Patienten mit insulinabhängigem Diabetes mellitus lebensnot-
wendig. Ein insulinpflichtiger Diabetiker kann hochleistungs-
fähig sein. Da Insulin missbräuchlich insbesondere in der
Krafttrainingsszene eingesetzt wird, fällt es unter die verbotenen Wirkstoffe.

Vor dem jeweiligen Wettbewerb muss ein Endokrinologe oder
ein Mannschaftsarzt eine schriftliche Mitteilung über die
lebensnotwendige Therapie mit Insulin an die zuständige
(medizinische) Instanz machen.

3.5.3 Wachstumshormon, Somatropin (hGH)

Wachstumshormon wird bei nachgewiesener, unzureichender
eigener Produktion (hypophysärer Kleinwuchs) bei Kindern zur

Substitution eingesetzt. Bei Missbrauch vor Abschluss des Knochenwachstums kann es zum Riesenwuchs, danach zur Akromegalie mit Vergrößerung des Kinns, der Kieferknochen, Verbreiterung der Beckenknochen, der Füße und Hände sowie Fettstoffwechselstörungen, Diabetes mellitus sowie Bluthochdruck kommen.

3.6 Wirkstoffgruppen, zugelassen nur mit gewissen Einschränkungen

3.6.1 Alkohol

Ein Verbot von Alkohol richtet sich nach den Bestimmungen das Fachverbandes. Zur Kontrolle wird der Atemalkohol elektronisch bestimmt.

3.6.2 Cannabinoide

Nach den positiven Befunden und den Diskussionen während der OS 1998 in Nagano wurde erstmals für die OS 2000 in Sydney festgeschrieben, dass bei OS Cannabinoid-Tests (Marihuana, Haschisch) durchgeführt werden. Eine Urinkonzentration des Metaboliten THC (Tetrahydrocannabinol) von mehr als 15 ng/ml ist verboten. Die *Union Cycliste Internationale* (UCI) lässt nach den Downhill-Wettbewerben der Mountainbiker kontrollieren. Der Grenzwert beträgt abweichend 40 ng/ml Urin.

THC ist über mehrere Tage bis Wochen nachweisbar. Die ungefähre Nachweisdauer im Urin beträgt:

>   einmaliges Rauchen: 3-7 Tage
>   chronischer Abusus: Wochen bis Monate.

Mit der Grenze von 15 ng/ml soll allen Diskussionen über das sog. passive Mitrauchen der Boden entzogen werden.

Zahlreiche Fachverbände lassen bei der Wettkampfkontrolle ebenfalls auf THC untersuchen. 1999 ist in Deutschland erstmals ein positiver Fall (Volleyballer) sanktioniert worden.

Zur Biologie/Pharmakologie der Pflanze folgende Hinweise: Die Hanfpflanze heißt cannabis indica, in deren Harz sind die Wirkstoffe, die Cannabinode. Als Marihuana werden die Zubereitungsformen aus getrockneten Blättern und Blütenspitzen bezeichnet. Der Harzgehalt der unkultivierten Pflanze ist niedriger als der kultivierten Pflanze. Der Harzextrakt aus den Planzenteilen wird Haschich genannt. Haschisch ist 10- bis 15mal stärker als Marihuana. Für die Wirkung ist das delta-9-Tetrahydrocannabinol (THC) verantwortlich. Dieses entsteht beim Erhitzung aus der im Harz vorkommenden THC-Säure.

Einige zum Verzehr geeignete Lebensmittel auf Hanfbasis sind in Deutschland frei im Handel. So waren in Münster High Hanf Tofu Paste, Davert Mühle Hanfbrot und Rapunzel Öl zu erhalten. Der Genuss führte zu einem positiven Urinbefund bei immunchemischer Bestimmung mit dem ADx-System. ALT und REINHARDT (1996) hatten über entsprechende Erfahrungen mit Speiseölen auf Hanfbasis berichtet.

3.6.3   Lokalanästhetika

Injizierbare Lokalanästhetika wie Bupivacain (Bucain®, Carbostesin®), Lidocain (Lidocain...), Mepivacain (Meaverin®, Scandicain®), Procain (Procain..., Impletol®) und ähnliche Wirkstoffe sind als lokale oder intraarterielle Injektion bei medizinischer Indikation zugelassen.

Cocain darf nicht eingesetzt werden. Vasokonstriktorische Mittel dürfen in Zusammenhang mit Lokalanästhetika verwendet werden.

3.6.4   Glukokortikosteroide

Die systemische Anwendung von Glukokortikosteroiden durch orale, rektale, intravenöse oder intramuskuläre Gabe ist verboten.

Injektionen unter sportorthopädischen Gesichtspunkten in die großen Gelenke sind gestattet.

3.6.5   Beta-Blocker

Einige Wirkstoffe als Beispiele (laut IOC-Liste):

> Acebutolol, Alprenolol, Atenolol, Betaxolol, Bisoprolol, Bunolol, Carteolol, Celiprolol, Esmolol, Labetalol, Levobunolol, Metipranolol, Metoprolol, Nadolol, Oxprenolol, Pindolol, Propranolol, Sotalol, Timolol und verwandte Wirkstoffe.

Einige Medikamente mit den angeführten verbotenen Wirkstoffen als Beispiele:

> Aptin-Duriles® (Alprenolol), Atenolol...(Atenolol), Beloc® (Metoprolol), Beta-Tablinen® (Propranolol), Bisoprolol...(Bisoprolol), Dociton® (Propranolol), Lopresor® (Metoprolol), Metoprolol...(Metoprolol), Prent® (Acebutolol), Solgol® (Nadolol), Tenormin® (Atenolol), Trasicor® (Oxprenolol).

Dopingkontrollen auf Beta-Blocker werden auf Verlangen eines Fachverbandes (z.B. bei Schiesswettbewerben) durchgeführt.

4 Dopingkontrollen nach Wettkämpfen

Dopingkontrollen finden nach Wettkämpfen (in competition testing) und ausserhalb der Wettkämpfe (out of competition testing) als sog. Trainingskontrollen statt.

Wettkampfkontrollen werden bei nationalen und internationalen Veranstaltungen entsprechend den **Regeln der einzelnen Fachverbände** durchgeführt.

Eine angemessene Anzahl von Sportlern sollte bei den Wettbewerben kontrolliert werden. Die Festlegungen sind bei den einzelnen Fachverbänden jedoch unterschiedlich.

Nach dem Vorbild der OS werden in etwa folgende Schemata von den Verbänden herangezogen:

➢ bei Einzelwettbewerben werden die ersten drei (oder vier) und einige zugeloste Sportler oder Sportlerinnen,

➢ bei Mannschaftswettbewerben je Mannschaft zwei (oder drei) durch Los ermittelte Sportler oder Sportlerinnen und

➢ Sportler oder Sportlerinnen, bei denen Dopingverdacht besteht, kontrolliert.

Die Auswahl der Sportler oder Sportlerinnen stellt in nahezu allen Fällen einen Kompromiss zwischen den Erfordernissen

einer weit gestreuten und möglichst viele Personen umfassen-
den Kontrolle, der zur Verfügung stehenden Laborkapazität,
dem möglichen Aufwand und finanziellen Mitteln dar. Umfas-
send wäre eine Dopingkontrolle, bei der jeder Sportler oder jede
Sportlerin nach jedem Wettbewerb herangezogen würde. Dieses
lässt sich jedoch nicht realisieren.

Die Auswahl der zu kontrollierenden Sportler oder Sportlerinnen erfolgt in den einzelnen Verbänden durch unterschiedliche
Gremien bzw. Personen.

4.1   Dopingkontrollkommission

Zur Durchführung der Dopingkontrollen am Wettkampfort wird
eine Dopingkontrollkommission gebildet. Darunter wird das
Abnahmeteam (sample collection team) verstanden. Es gibt
keine einheitliche Sprachregelung. Es setzt sich (je nach Fachverband gering unterschiedlich) zusammen aus:

✓ Arzt als Leiter,

✓ ein oder zwei (medizinischen) Mitarbeitern/Mitarbeiterinnen,

✓ Mitglied des (internationalen) Verbandes.

Aufgaben der Dopingkontrollkommission sind die Benachrichtigung der ausgewählten Sportler oder Sportlerinnen, die Probenentnahme und der Versand zum analysierenden Labor.

4.2   Aufforderung zur Dopingkontrolle

Unmittelbar nach dem Wettbewerb werden die zur Dopingkontrolle bestimmten bzw. ausgelosten Sportler oder Sportlerinnen durch einen Beauftragten der Dopingkontrollkommission mündlich – persönlich oder durch Lautsprecherdurchsage – oder schriftlich – Formular (Anlage 1) Anzeigetafel u.ä. zur Dopingkontrolle aufgefordert.

4.3   Abnahmeprozedur

Die ausgewählten Sportler oder Sportlerinnen haben sich – abhängig von der Vorschrift des Verbandes – innerhalb von 30 (60) Minuten nach Wettbewerbsende in der Kontrollstation zu melden.

Der Leiter der Dopingkontrollkommission prüft anhand der ID-Karte, der Lizenz, des Reisepasses oder des Personalausweises u.ä. die Identität des Sportlers/der Sportlerin.

Der Sportler/die Sportlerin kann eine Begleitperson – Mannschaftsoffiziellen, Trainer, Arzt u.a. – mitbringen.

Über das gesamte Entnahmeverfahren wird ein Protokoll (Anlage 2) angefertigt.

Die Personalangaben und der Zeitpunkt des Erscheinens des Sportlers oder der Sportlerin werden in das Protokoll eingetragen.

Sobald der Sportler oder die Sportlerin in der Lage ist Urin abzugeben, wählt er aus einer größeren Anzahl einen durchsichtigen Plastikbeutel mit je einem grünen und einem gelben (Versapak) Container, zwei Glasflaschen und einen Urinbecher aus. Die Glasflaschen und Container sind mit vorgeprägter Code-Nummer (grün für die A-Probe, gelb für die B-Probe) gekennzeichnet (Abb. 1).

In der Bundesrepublik sind zwei Abnahmesysteme in Gebrauch, und zwar das von Versapak (Abb. 1) und das von Berlinger (Abb. 2). Nach ordnungsgemäßem Verschluss des Deckels bzw. der Kappe ist die Urin-Probe manipulationssicher untergebracht. Nur durch Zerstören des Containerdeckels bzw. der Verschlusskappe kann der Urin entnommen werden.

Der Sportler oder die Sportlerin nimmt den Plastikbecher aus dem Set. In einem Nebenraum/Toilette uriniert er/sie unter Sicht des Arztes (bei Sportlerinnen einer Ärztin oder Helferin) in den Becher. Kleidungsstücke, die eine direkte Beobachtung beim Urinlassen verhindern, müssen entfernt werden. Die Urinmenge sollte wenigstens 75 ml betragen.

In die Glasflaschen wird der Urin zu gleichen Teilen gefüllt. Beide Flaschen werden kunstgerecht verschlossen. Die eingedruckte Code-Nummer und der Zeitpunkt der Urinabgabe werden im Protokoll vermerkt.

Aus dem Rest des Urins im Entnahmebecher werden der pH-Wert und die Dichte bestimmt. Liegt der pH-Wert außerhalb von 5,0 bis 8,0 bzw. liegt die Dichte nicht über 1.010, ist frühestens nach einer Stunde eine weitere Urinprobe zu nehmen.

Der Sportler/die Sportlerin prüft die Übereinstimmung der Code-Nummer auf den Glasflaschen, den Plastikcontainern und im Protokoll. Er und seine Begleitperson bestätigen durch Unterschrift die Korrektheit der Eintragungen und des Abnahmeverfahrens. Das Protokoll wird ferner vom Arzt, dem Verbandsoffiziellen und dem (medizinischen) Mitarbeiter als Protokollführer unterschrieben.

Im Protokoll werden ferner die Medikamenteinnahmen der letzten **sieben Tage** aufgeführt. Der Sportler/die Sportlerin erhält eine Durchschrift des Protokolls.

Nach Abschluss aller Dopingkontrollen werden die Protokolle in einem Umschlag versiegelt und der zuständigen Stelle des Verbandes (Veranstalters) übergeben. Die Urinproben werden nach A- und B-Probe getrennt zusammen mit den entsprechenden Protokolldurchschriften in die Versandbehälter gepackt. Diese werden verschlossen, versiegelt (verplombt) und zum analysierenden Labor geschickt.

In Deutschland gibt es zwei vom IOC-akkreditierte Laboratorien:

Institut für Biochemie	Institut für Dopinganalytik und
Deutsche Sporthochschule Köln	Sportbiochemie
Carl-Diem-Weg 6	Dresdner Str. 120
50933 Köln	1731 Kreischa
Leiter:	Leiter:
Prof. Dr. Wilhelm Schänzer	Prof. Dr. R. Klaus Müller

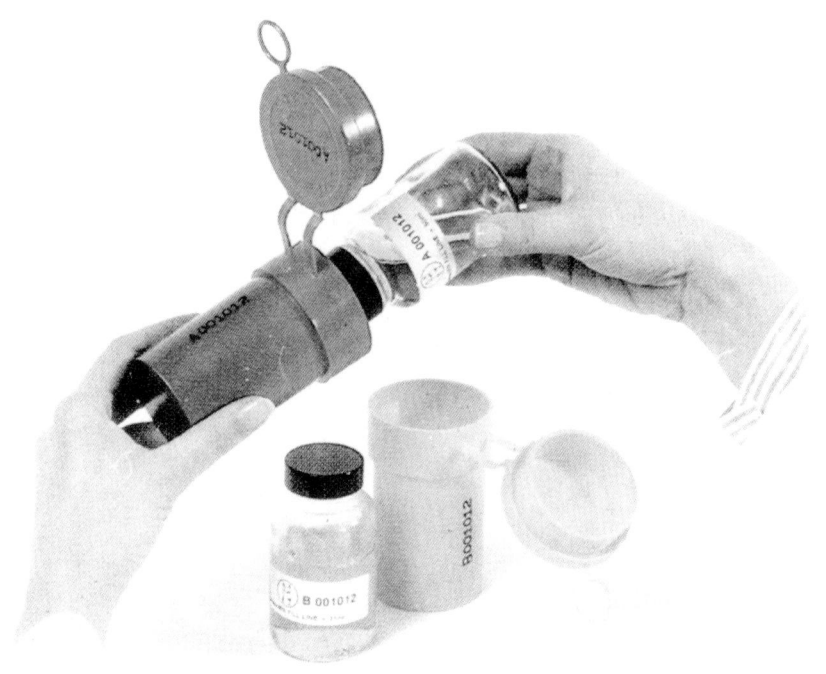

Abb. 1:   Versapak-System

Abb. 2:   Bereg-it-94 Firma Berlinger

4.4   Wichtige Hinweise

Erscheint ein Sportler oder eine Sportlerin in der angegebenen Frist nicht in der Kontrollstelle, wird dies im Protokoll vermerkt. Weigert sich ein Sportler/eine Sportlerin, seinen/ihren Urin abzugeben, wird er/sie darauf hingewiesen, dass dies einem positiven Befund gleichkommt. Der Vorgang wird im Protokoll vermerkt.

Originalverschlossene Getränke sind bereitzuhalten. Gegen Bier bestehen keine Bedenken. Kritisch kann das Trinken größerer Mengen von Kaffee oder Cola-Getränken nach stärkerem Schwitzen sein, denn die dadurch u.U. hervorgerufene maximal erlaubte Urinkonzentration von 12 µg/ml sollte nicht nach dem Wettbewerb erreicht werden.

Im Kontrollraum dürfen sich neben den Mitgliedern der Dopingkontrollkommission, dem Sportler/der Sportlerin und seinem/ihrem Begleiter noch ein(ige) in den Regeln festgelegte(r) Verbandsoffizielle(r) evtl. ein Übersetzer aufhalten. Weitere (Begleit-)Personen, Reporter u.a. haben grundsätzlich keinen Zutritt.

Kann ein Sportler oder eine Sportlerinbeim ersten und auch bei weiteren Versuchen nicht die vorgeschriebene Menge von 75 ml Urin abgeben, muss er bzw. sie warten. Er/sie sollte ausreichend trinken und versuchen, sich zu entspannen. Die abgegebene zu geringe Urinportion wird gesichert und später mit der Gesamtmenge vermischt und dann portioniert (s.u.) und verschlossen.

Zur Vermeidung von Betrugsmanövern wird bei OS und anderen Weltereignissen der ausgewählte Sportler oder die ausgewählte Sportlerin von einem (Doping-)Helfer begleitet. Dieser gibt acht, dass zwischen Wettkampfende und Erscheinen in der Kontrollstation keine Manipulationen vorgenommen werden. Dazu zählen z.B. Urinieren und Rekatheterisieren vorbereiteten Urins sowie das Anbringen einer mit Urin gefüllten Blase, deren Ausführungsgang am Penis entlang gelegt wird. Bei der Urinabgabe muss der Sportler vom Kopf bis zu den Knien unbekleidet sein.

Die Trainer bzw. Betreuer sollten ihre Sportler und Sportlerinnen, die erstmals mit Dopingkontrollen in Berührung kommen können, durch gezielte Informationen darauf vorbereiten.

5 Dopingkontrollen außerhalb der Wettkämpfe (sog. Trainingskontrollen)

Der Einsatz anaboler Wirkstoffe geschieht vornehmlich in bestimmten Phasen des Trainings. Bei den Wettkampfkontrollen sind sie nicht mehr nachweisbar. Ihre biologische Wirkung überdauert jedoch ihre Nachweisbarkeit, folglich müssen Dopingkontrollen außerhalb der Wettkämpfe durchgeführt werden.

Die ADK DSB/NOK führt im Auftrag der Fachverbände diese Dopingkontrollen außerhalb der Wettkämpfe (out-of-competition testing) durch. Etwas ungenau werden diese auch als **Trainingskontrollen** bezeichnet. Die ADK hat im deutschen Sport das Monopol auf Kontrollen ausserhalb der Wettkämpfe. Die Kontrollen nach Wettkämpfen werden in Verantwortung der Fachverbände durchgeführt.

Der Kreis der zu kontrollierenden Sportler/Sportlerinnen umfasst alle Angehörigen der A-,B-, C-, D/C-Kader. Grundsätzlich müssen alle Sportler und Sportlerinnen, die an OS – nach Möglichkeit auch Weltmeisterschaften – teilnehmen, in das Doping-Kontroll-System (DKS) eingebunden sein. Das bedeutete für die OS 1996 in Atlanta, dass die möglichen Kandidaten und Kandidatinnen bis zum 01 Dezember 1995 genannt sein mussten. Für die OS 2000 in Sydney war der Stichtag der 01. Januar 1999.

Verbotene Wirkstoffe bei Trainingskontrollen sind anabole Wirkstoffe (androgene/anabole Steroide, Beta-2-Agonisten), Diuretika, Peptidhormone und die verbotenen Methoden. Bei der UCI kommen zusätzlich stark wirksame Stimulantien hinzu.

5.1   Organisation der Trainingskontrollen

Die Auswahl der zu kontrollierenden Sportler und Sportlerinnen wird durch die ADK vorgenommen. Die Auswahl erfolgt nach dem Zufallsprinzip. Zielkontrollen einzelner Sportler und Sportlerinnen oder Gruppen sind jederzeit möglich.

Die Benachrichtigung der Sportler und Sportlerinnen, die Probenentnahme und der Probenversand erfolgen durch einen Auftragnehmer. Der Auftrag wird ausgeschrieben und nach fachlichen und wirtschaftlichen Gesichtspunkten vergeben. Probennehmer war bis Ende 1993 German Control. Seit 1994 besteht eine Zusammenarbeit mit der Firma PWC München (Physical Work Controll). Der augenblickliche Vertrag läuft bis 2001.

Seit 1992 wurden jährlich rund 4000 Kontrollen durchgeführt. Zu Beginn eines jeden Jahres wird die Anzahl der auf jeden Verband entfallenden Kontrollen festgelegt. Dabei spielen die Kadergröße und die Kaderzugehörigkeit eine bestimmende Größe.

Die Kontrollen sollen nach Möglichkeit ohne Vorankündigung stattfinden. Darum haben die Sportler und Sportlerinnen Mitteilung über ihren jeweiligen Aufenthaltsort zu machen (Anlage 3). Für Dopingkontrollen an der Trainingsstätte oder in der Wohnung ist eine Zeitspanne von 07.00 bis 23.00 Uhr festgelegt. Bei zentralen Trainingsmaßnahmen im In- und Ausland liegt diese zwischen 06.00 und 24.00 Uhr.

Um Betrugsmanövern vorzubeugen, muss die Vorwarnzeit möglichst kurz gehalten werden. Sie sollte nach Möglichkeit zwischen null und zwei Stunden liegen. Das Kontrollpersonal ist zur Vertraulichkeit verpflichtet. Die Kontrollen werden nach den Prinzipien der Wettkampfkontrollen durchgeführt und protokolliert. Gegenüber dem Sportler bzw. der Sportlerin weist sich die Kontrollperson durch einen Ausweis des DSB (Anlage 4) aus. Das Protokollformular entspricht in wesentlichen Punkten dem der einzelnen Fachverbände (Anlage 5).

5.2 Einige Wünsche an die Sportler/Sportlerinnen zur Optimierung der Trainingskontrollen

✗ Die Trainingsanzeigen sollten auf den Vorlagen (Anlage 6) gut leserlich aufgeschrieben werden.

✗ Die Abmeldungen sollten nicht zu kurzfristig vorgenommen werden.

✗ Telefonnummern und Adressen sollten stimmen (des Öfteren tun sie das nicht).

✗ Ständig eingeschaltete Anrufbeantworter sind wenig hilfreich.

✗ Bei Trainingslagern sind die korrekte Anschrift der Unterkunft und der Trainingsstätte zu hinterlassen.

Anschrift:

PWC GmbH
Medizinische Testverfahren im Sport
Hirtenweg 2 a
82031 Grünwald
Tel.: 089 64 92 04 0
Fax: 089 64 15 15 7

6 Pharmakologische, chemische oder physikalische Manipulation des Urins

Für die Durchführung einwandfreier Dopingkontrollen ist es unerlässlich, Manipulationen bei der Urinabgabe, dem Abfüllen, der Codierung, der Verpackung, dem Probentransport zu vermeiden bzw. zu verhindern.

Um Manipulationen vor dem Erscheinen in der Kontrollstelle vorzubeugen, wird bei Weltereignissen wie OS der/die ausgewählte Sportler/Sportlerin nach Beendigung seines/ihres Wettkampfes bis zum Eintreffen in der Kontrollstelle von einem (Doping-)Helfer begleitet. Der Sportler/die Sportlerin steht somit unter dauernder Beobachtung. Bei den Trainingskontrollen soll der Zeitraum zwischen Kontaktaufnahme und Probenabgabe möglichst kurz, d.h. der/die Betroffene soll nicht ohne Beobachtung sein. Die Urinabgabe geschieht unter direkter Beobachtung durch den Arzt bzw. bei Sportlerinnen durch eine weibliche Helferin. Die Kleidung muss vom Kopf bis zu den Knien entfernt sein.

Mögliche Manipulationen sind:

✗ Urinieren und Rekatheterisieren vorbereiteten Urins.

✗ Anbringen einer mit Urin gefüllten Blase, deren Ausführungsgang am Penis entlang gelegt wird.

✗ Verstecken einer Blase/Flasche mit Urin in Kleidung oder Körperöffnungen zum Einfüllen in den Plastikabnahmebecher.

✗ Urinieren, Trinken von reichlich Flüssigkeit und Einnahme/Injektion eines Diuretikums.

✗ Einnahme von Probenecid zur Verzögerung der Wirkstoff- insbesondere der Anabolikaausscheidung.

✗ Einnahme/Injektion von Epitestosteron zur Beeinflussung des T/E-Quotienten. Die maximale Epitestosteron-Konzentration von 200 ng/ml Urin darf nicht überschritten werden.

✗ „Auffüllen" und somit Verdünnen des Urins mit Wasser, gelben Fruchtsäften, Tee u.ä. Achtung: Frischgelassener Urin ist körperwarm!

✗ Ablenken der Dopinghelfer durch eine Begleitperson und Austauschen der echten Urinprobe gegen eine vorbereitete.

✗ Cleaner Sportler/cleane Sportlerin wird als „Ersatzmann/ -frau" eingeschmuggelt.

✗ Versuch, die analytischen Methoden durch exzessive Einnahme von Vitamintabletten, Verunreinigung der Urinprobe mit Detergentien, durch Bromantan o.ä. zu stören.

7   Analytik zum Dopingnachweis

Dopinganalytik im engeren Sinne erfolgt in speziellen Laboratorien; Vorstufen des Nachweises von Verstößen gegen das Dopingverbot werden bereits bei der Probenahme vorgenommen. Dazu gehören die Feststellung von Dichte und pH-Wert der Urinproben.

Durch das IOC (künftig die World Antidoping Agency – WADA) akkreditierte und ab dem Jahr 2000 zusätzlich nach ISO-Norm zertifizierte Labors sind auf Grund der damit nachgewiesenen und jährlich erneut zu belegenden hohen Leistungsfähigkeit allein berechtigt, uneingeschränkt Analysen von Dopingkontrollproben für nationale und internationale Verbände durchzuführen. Nichtakkreditierte Labors können nicht auf internationaler Ebene wirksam werden, da die Unangreifbarkeit der analytischen Ergebnisse belegbar abgesichert sein muss. Z.Z. sind weltweit 27 Labors vom IOC akkreditiert, so auch die beiden deutschen Labors in Köln und Kreischa.

7.1   Probematerial

Die Dopingkontrolle erfolgt bisher ausschließlich über Urinproben. Als alternatives Material werden zuweilen Blut, Haare, Speichel oder Schweiß diskutiert.

Bei Einlieferung im Labor wird die Unversehrtheit der Behältnisse geprüft. Die B-Proben werden sofort tiefgekühlt. An der A-Probe werden die Beschaffenheit (Dichte, pH, Farbe, Sediment) nun genauer als bei der Abnahme bestimmt und dokumentiert. Teile des Urins werden dann den eigentlichen Dopinganalysen unterzogen.

7.2   Analytische Verfahrensweise

Für die eigentliche Dopinganalyse ist zunächst (mit wenigen Ausnahmen, s. unten) eine Probenvorbereitung erforderlich. Die analytisch zu erfassenden Stoffe müssen für die instrumentellen Nachweisverfahren zunächst aus dem Probenmaterial Urin abgetrennt werden; sie treten in kaum vorstellbar geringen Spuren darin auf. Die heute erfassbaren Konzentrationen liegen bei/unter Nanogramm pro Milliliter (ng/ml). Das bedeutet milliardstel Gramm pro Gramm und ist etwa vergleichbar mit einer Stecknadel nicht im Heuhaufen, sondern in den 100 Tonnen einer D-Zug-Lokomotive.

Auf die Probenvorbereitung, Extraktion und das Abdampfen des Lösungsmittels zu winzigen Rückstandsmengen folgt die „Screeningphase", der Suchschritt der Dopinganalyse. In mehreren – meist sechs – verschiedenen Prozeduren mit verschiedenen hochinformativen, komplizierten, computergesteuerten und natürlich teuren Analysengeräten (Tabelle 1) werden die Gruppen von Dopingstoffen mit gemeinsamen Eigenschaften zunächst ungerichtet gesucht. Diese Screeningprozeduren haben einige Hundert verschiedene Stoffe zu berücksichtigen und garantieren deren Nachweis in solchen Spuren, dass die Dopinganalyse für die Mehrzahl der verbotenen Substanzen gewissermaßen „das Gras wachsen hört".

Fast alle Dopingstoffe sind körperfremd. Sie kommen normalerweise nicht im Körper vor. Ihr sicherer Nachweis bedeutet daher, dass sie bestimmt von außen stammen, eingenommen oder anderweitig appliziert (injiziert = gespritzt, über Haut oder Schleimhaut) verabreicht wurden.

Tab. 1:   Instrumentelle   Analyseprinzipien   zum   Dopingnachweis

---

✗ Gaschromatographie (GC) mit Kapillarsäulen und stick-
stoffspezifischem   Flammenionisationsdetektor   (NIFD,
NDPD)

**✗ Gaschromatographie in Kombination mit Massen-
spektrometrie** (GC/MS)

✗ Hochauflösungs-Massenspektrometrie, High Resolution
Mass Spectrometry (HRMS) in Kombination mit GC

✗ Tandem-Massenspektrometrie (MS/MS)

✗ Hochdruckflüssigchromatographie (HPLC) mit UV-
Detektor bzw. Multiple Diode Array Detektor

✗ HPLC/MS

✗ Isotopenverhältnis-Massenspektrometrie (Isotope Ratio
MS, **IRMS**) in Kombination mit GC

✗ Immunoanalysen (verschiedene Prinzipien und Techniken)
mit instrumenteller Auswertung

✗ Dichtemessgeräte (für das „spezifische Gewicht" der Urinproben) und pH-**Messgeräte** für Urinproben

---

Die analytische Herausforderung wird noch wesentlich gesteigert durch eine hier nur am Rande zu erwähnende Tatsache. Die meisten Dopingstoffe passieren den Organismus nicht oder nicht nur unverändert, sondern werden als Biotransformationsprodukte oder Metaboliten ausgeschieden. Diese – insgesamt noch zahlreicher als die Muttersubstanzen – vermehren die Zahl der zu erfassenden Stoffe enorm. Gleichzeitig erhöht ihr gesicherter Nachweis aber die Aussagekraft der Analyse. Beispielsweise schließt der Nachweis dieser Abbauprodukte aus, dass etwa eine Probe durch nachträglichen Zusatz eines Dopingstoffes manipuliert wurde; dann fehlen die im Körper zwangsläufig entstehenden Metabolite.

Leider ergibt die Biotransformation zuweilen auch Nachteile. Aus manchen Dopingstoffen können die gleichen Abbauprodukte entstehen. Deren Nachweis lässt dann offen, welche dieser Ausgangsstoffe im aktuellen Fall eingenommen wurden. Ein Beispiel hierfür stellt z.B. Nandrolon (= Nortestosteron, ein sehr naher Verwandter des anabolen, muskelaufbauend wirkenden männlichen Sexualhormons Testosteron) mit seinen Vorläufersubstanzen 19-Norandrostendion und 19-Norandrostendiol dar. Aus diesen entstehen die Metaboliten Norandrosteron und Noretiocholanolon. Werden diese sicher nachgewiesen, steht damit noch nicht fest, welche der drei Ausgangssubstanzen – oder etwa auch alle drei oder zwei davon – angewendet wurden. In diesem Fall ist das zwar eigentlich eine Diskussion „um des Kaisers Bart", weil alle drei gleichermaßen verboten sind.

Einzelne Dopingstoffe – nahezu ausschließlich die Peptid- und Glykoprotein-Hormone – fallen allerdings aus diesem Analysenschema heraus; sie sind aus zwei Gründen noch eine analytische Schwachstelle:

➤ sie sind immer im Körper und damit auch im Blut und Urin vorhanden und

➤ sie können nicht mit den für die große Mehrzahl der Dopingstoffe eingesetzten Verfahren erfasst werden.

Darauf wird noch gesondert eingegangen.

Verläuft das Screening negativ, kann man sicher sein, dass von den zu berücksichtigenden mehreren Hundert Stoffen keiner auch nur in Spuren vorhanden ist.

Dass nicht alle „schwarzen Schafe" ertappt werden, liegt also nicht an der Analytik – mit Einschränkungen hinsichtlich der zugestandenen Schwachstelle Peptidhormone – sondern schlicht an unterbliebenen Probenahmen. Der Schlüssel für eine Effektivierung liegt vor allem in der Erhöhung eines unkalkulierbaren Risikos durch mehr unangekündigte Trainingskontrollen.

Als Verstoß gegen das Dopingverbot gilt der unzweifelhafte Nachweis bzw. die zweifelsfreie Identifikation einer verbotenen Substanz, d.h. einer organisch-chemischen Verbindung. Sowohl der Nachweis im Screening als auch die endgültige Bestätigung der Anwesenheit für alle diese Hunderte von Stoffen und für deren Metaboliten erfolgen mit den instrumentellen Analyse-geräten, die in Tabelle 2 aufgeführt sind.

Die zweifelsfreie Identifikation eines verbotenen Stoffes wird fast immer mit der idealen analytischen Kombination Gas-chromatographie/Massenspektrometrie (GC/MS) erreicht. Mit der Gaschromatographie werden die winzigen durch Extraktion des Urins erhaltenen Rückstände der körperfremden Anteile von dem biologischen Hintergrund aus dem Probematerial ab-getrennt.

Das geschieht nach Verdampfen im Injektor des Geräts beim Durchströmen eines um 20 m langen Kapillarquarzrohrs mit spezieller Innenwandauskleidung. Diese spiralig aufgerollte GC-Säule wird mit Helium kontinuierlich durchströmt und auf bestimmter, gesteuerter Temperatur gehalten. Die vom Gas-strom mitgenommenen Spurenbestandteile des Extraktions-rückstandes werden von der Wandauskleidungsschicht unter-schiedlich zurückgehalten. Am Ende der Kapillarsäule treten sie daher nacheinander aus und werden durch einen speziellen, hochempfindlichen Detektor angezeigt. Schon bei der einfachen

Gaschromatographie lassen sich Substanzen sowohl nach Art als auch nach ihrer Menge erkennen.

Bei der Kombination mit einem Massenspektrometer als Detektor steigt jedoch die Aussagekraft enorm an. Ein Massenspektrum – der vom Computer erstellte Ausdruck einer Messung am Massenspektrometer – sieht aus wie ein sehr unregelmäßiger Lattenzaun. Er ist so charakteristisch für eine bestimmte Substanz wie ein Fingerabdruck für eine Person. Die computergesteuerten Geräte erlauben nicht nur den raschen objektiven Vergleich eines Analyseergebnisses einer unbekannten Substanz mit dem Referenzspektrum einer authentischen Bezugssubstanz, sondern innerhalb von Sekunden auch die Suche in einer gespeicherten Spektrenbibliothek von zehntausenden Massenspektren bekannter Stoffe. Das Gerät unterbreitet bei neuen, gar nicht gezielt gesuchten oder vermuteten Substanzen Vorschläge für deren Identität, die der analysierende Experte kritisch zu beurteilen und schließlich zu bestätigen hat (Abbildung 3, Abbildung 4).

Gegenüber der normalen, niederauflösenden Massenspektrometrie bieten die hochauflösende MS und die Tandem-MS oder MS/MS sowie die Kombination der Hochdruckflüssigchromatographie (HPLC) mit der Massenspektrometrie (LC/MS) weitergehende Möglichkeiten vor allem für spezielle Fragestellungen wie

✗ die Erfassung noch geringerer Spurenkonzentrationen,

✗ die Verlängerung der Nachweisbarkeit nach Beendigung der Einnahme oder auch in Haaren,

✗ die eindeutige Unterscheidung sehr ähnlicher Stoffe,

✗ die Identifikation zunächst völlig unbekannter Substanzen, etwa erstmalig auftretender neuer oder illegaler Wirkstoffe, mit denen Doping probiert wird und die noch nicht in das Verbot einbezogen sind.

Diese Möglichkeiten stehen der in den Medien oft strapazierten Hase- und Igel-Parabel entgegen, die ein hoffnungsloses Nachhinken der Dopinganalytik hinter der angeblich laufenden Neuentwicklung von Dopingstoffen behauptet. Die Entwicklung eines neuen Arzneimittelwirkstoffs dauert auf Grund der außerordentlich strikten Erfordernisse bis zur Zulassung Jahre und ist immens teuer (Hunderte von Millionen Euro). Dopingstoffe sind durchweg Arzneimittel mit in der Medizin durchaus seriösem Anwendungsprofil, die zum Doping missbraucht werden. Taucht ein solches neues Präparat bei der Analyse als zunächst unbekanntes Signal auf, kann es rasch identifiziert werden und ist dann im Falle der Verwandtschaft mit einer verbotenen Klasse von Dopingstoffen entweder sofort sanktionsfähig oder wird rasch in das Verbot einbezogen. Der mögliche Vorlauf hat kurze Beine.

Tab. 2: Klassifikation von dopingrelevanten Wirkstoffen
nach analytischen Kriterien

Stoffgruppe	Beispiele	Extraktion	Analysenprinzip/ Nachweisgrenze
N-haltige Verbindungen, die frei ausgeschieden werden	„klassische Aufputschmittel" Amphetaminderivate	Extraktion	GC/NPD 100 ng/ml
N-haltige Verbindungen, die konjugiert ausgeschieden werden	Morphin Phenylalkylamine ß-Blocker	saure Hydrolyse Extraktion Derivatisierung	GC/MS 100 ng/ml
N-haltige Verbindungen, die nicht unzersetzt verdampfbar sind	Mesocarb Pemolin	Extraktion	HPLC/UV 1 µg/ml
anabole Steroide	Stanozolol Metandienon Clenbuterol	enzymatische Hydrolyse Extraktion Derivatisierung	GC/MS(SIM) > 1 ng/ml
Diuretika	Furosemid Ethacrynsäure	Extraktion Extraktion Derivatisierung	HLPC/UV GC/MS 100 ng/ml
Peptidhormone	hCG, FSH, LH hGH, EPO	keine	EIA u. andere Immunoanalysetechniken 1 IU/l

Beispiele der letzten Jahre hierfür sind das Bromantan, das 1996 in Atlanta aufgedeckt wurde, oder das 1997 im IDAS Kreischa weltweit erstmals in einer Urin-Kontrollprobe aufgefundene Carphedon.

7.3   Grenzwerte

Sofern für einige Dopingstoffe aus verschiedenen Gründen Grenzwerte für die Konzentration im Urin festgelegt wurden, muss eine quantitative Bestimmung der vorhandenen Konzentration erfolgen. Da Urin je nach dem Ausmaß der von der Niere geregelten Wasser- und Feststoffausscheidung unterschiedliche Dichten (spezifisches Gewicht in g/ml) aufweisen kann, wird die tatsächliche Dichte hierbei berücksichtigt.

Grenzwerte für Dopingstoffe (Tabelle 3) sind unterschiedlich begründet. Koffein ist als Bestandteil von Getränken nicht eigentlich verboten, sondern erlaubt mit Ausnahme exzessiver Zufuhr vor allem in Form von Tabletten oder Pulvern. Der Grenzwert von 12 µg/ml Urin wird mit ein oder zwei Tassen bzw. Gläsern Kaffe, Tee oder Colagetränken nicht erreicht, aber bei größeren Mengen ist auch hier Vorsicht geboten.

Morphin in Spuren kann auch aus Mohn stammen. Ephedrin und seine Verwandten sind als Nebenbestandteile in Arzneimitteln gegen landläufige Beschwerden (z.B. Schmerz- und

Fiebermittel, Husten- und Asthmamittel) enthalten und deshalb bis zum jeweiligen Grenzwert erlaubt.

Für den Beta-2-Agonisten Salbutamol, der zur Inhalation erlaubt ist, sind unterschiedliche Grenzwerte festgelegt worden. Da bei Trainingskontrollen vor allem der Missbrauch anaboler Substanzen, im Wettkampf auch der von Stimulantien verfolgt wird, gelten für diesen Wirkstoff verschiedene Grenzwerte bei Trainings- und Wettkampfkontrollen.

Ein besonders wichtiger Grenzwert betrifft das Testosteron, das männliche Sexualhormon. Da seine Konzentration im Urin in einem großen Streubereich variiert und auch zeitabhängig schwankt, kann kein Normbereich definiert werden, bei dessen Überschreitung auf die Zufuhr von außen geschlossen werden muss. Daher hat man Zuflucht zu einem Verhältniswert – dem sogenannten T/E-Quotienten – genommen. Dieser Wert wird errechnet aus dem Verhältnis der Urinkonzentration des Testosterons zu der seines Zwillings, des im Körper stets mit gebildeten unwirksamen Epitestosterons. Das Verhältnis der beiden Konzentrationen – eben der T/E-Quotient – schwankt intraindividuell wenig. Er liegt bei den meisten Individuen um 1 und bleibt praktisch immer unter 6. Werte über 6 sind deshalb nach der IOC-Dopingdefinition verdächtig und geben Anlass zu weiteren Untersuchungen. Sollte tatsächlich eine Erhöhung über

6 durch physiologische (nicht krankhafte) oder krankhafte Ursachen bewirkt worden sein, wird das dann offenbar. So werden fälschlicherweise positive Bewertungen/Beschuldigungen vermieden.

Die zusätzlichen Untersuchungen bei erhöhtem T/E-Quotienten bestehen vorrangig in der Beiziehung vorhergehender Analysenergebnisse der gleichen Person sowie der Anordnung weiterer unangekündigter Urinkontrollen. Bei der Befundinterpretation werden auch die Parameter des sogenannten Steroidprofils berücksichtigt, das eine Reihe weiterer Substanzen aus dem biochemischen Umkreis des Testosterons beinhaltet.

Ein neues Analyseprinzip zur Einschätzung der Herkunft von Verbindungen aus körpereigener Produktion, aus pflanzlichen, tierischen oder fossilen Ausgangsmaterialien, ist die Isotopenverhältnis-Massenspektrometrie (abgekürzt IRMS aus dem Englischen Isotope Ratio Mass Spectrometry). Mit dieser aufwendigen instrumentellen Analysemethode wird das Verhältnis der natürlich in jeder Kohlenstoffverbindung nebeneinander vorkommenden stabilen, nichtradioaktiven Kohlenstoffisotope C12 und C13 genau bestimmt. Dieses Verhältnis ist auf Grund natürlicher Auslesevorgänge je nach Herkunft unterschiedlich und erlaubt die eindeutige Feststellung, dass eine physiologische Substanz – wie etwa das Testosteron – nicht im eigenen Körper gebildet worden ist.

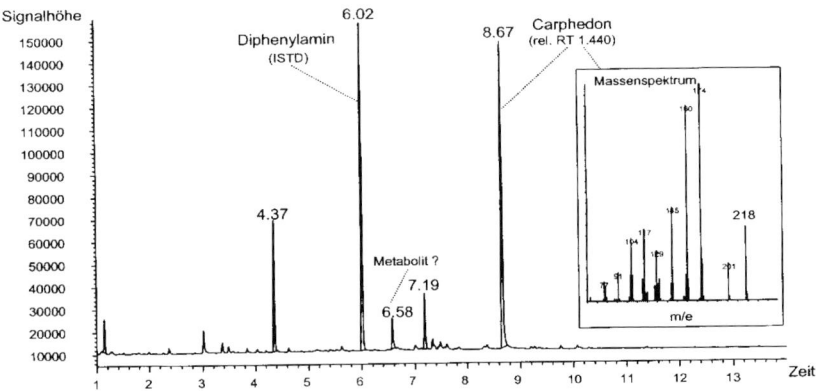

Abb. 3   Nachweis N-haltiger Stimulatien – Gaschromato-
gramm

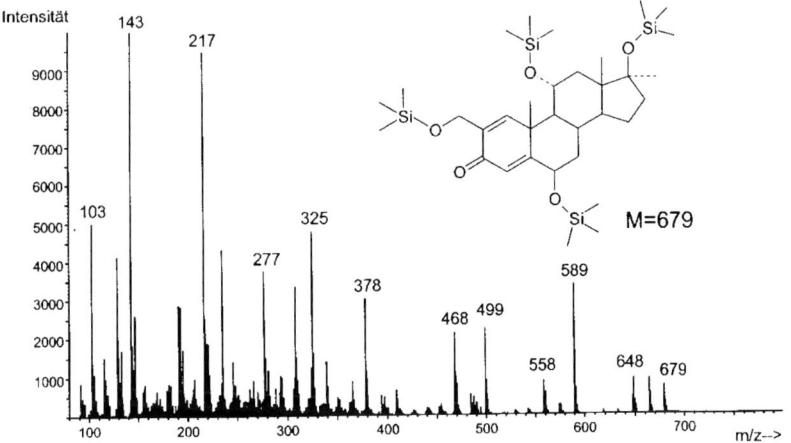

Abb. 4   Nachweis von anabolen Steroiden – Massenspektrum

Tab. 3:   Grenzwerte der Urinkonzentration

Carboxy-THC	> 15 ng/ml
Cathin	> 5 µg/ml
Ephedrin	> 10 µg/ml
Epitestosteron	> 200 ng/ml
Koffein	> 12 µg/ml
Methylephedrin	> 10 µg/ml
Morphin	> 1 µg/ml
19-Norandrosteron	> 2 ng/ml bei Männern
19-Norandrosteron	> 5 ng/ml bei Frauen
Phenylpropanolamin	> 25 µg/ml
Pseudoephedrin	> 25 µg/ml
Salbutamol	
- Wettkampfkontrolle	> 100 ng/ml
- s.g. Trainingskontrolle	> 500 ng/ml
T/E-Quotient	> 6

7.4   Peptidhormone

Die am meisten diskutierten und womöglich auch am meisten missbrauchten Peptidhormone sind das Erythropoietin (EPO) und das Wachstumshormon (GH). Eine Schwachstelle des Dopingnachweises stellt diese Gruppe aus zwei Gründen dar:

✗ die Hormone sind stets im Organismus vorhanden und ihre Konzentrationen in Blut und Urin schwanken in sehr weiten

Grenzen, so dass kaum Hoffnung auf die Abgrenzung von Normalbereichen und solchen Konzentrationen besteht, die eine Verabreichung von außen beweisen, und

✗ ihre im Vergleich zu den allermeisten Dopingstoffen völlig andere Konstitution – eiweißartige Riesenmoleküle – erlaubt nicht, sie mit der gleichen hochinformativen analytischen Maschinerie nachzuweisen. Die dafür herangezogenen immunoanalytischen Verfahren besitzen trotz hoher Spezifität und außerordentlicher Empfindlichkeit nicht den Beweiswert wie z.B. die GC-MS-Technik (s. oben).

Der direkte Nachweis des Missbrauchs dieser Hormone ist vor allem deshalb schwierig, weil sie im Körper gebildet werden und somit immer vorhanden sind. Die Unterscheidung von exogenen – von außen zugeführten Hormonpräparaten – und den körpereigenen muss erreicht werden. Gentechnisch hergestellte Hormone weisen kleine strukturelle Unterschiede zu den humanidentischen auf. Beim Wachstumshormon hat eine Münchener Arbeitsgruppe (STRASBURGER u.a., 1999) bereits eine solche direkte Nachweismethode publiziert, die sich im Praxistest befindet und eigentlich schon ab dem Jahr 2000 für die (versuchsweise) Einführung verfügbar wäre.

Bei EPO gelingt ein solcher direkter Nachweis/Abgrenzung bisher noch nicht im Praxismaßstab (zu hoher Probematerial- und Zeitaufwand).

7.5   Urin-Individualisierung

In einzelnen spektakulären Dopingfällen sind Manipulationen im Sinne von Urinaustausch behauptet worden. Durch die strikten Regeln der Abnahme und Handhabung der Proben ist das eigentlich ausgeschlossen. In Zweifelsfällen gibt es mehrere serologische Verfahren, insbesondere aber die DNA-Analyse, die sich auf winzigste Mengen des in jeder Zelle vorhandenen Erbmaterials stützt, um die Identität jedes biologischen Materials unstreitig nachzuweisen. Urin enthält stets einzelne Zellen, die hierfür ausreichen.

Die außerordentlich ausgefeilten Verfahren der DNA-Analyse erfordern allerdings spezialisierte Labors. Ihre Einführung in Dopinglabors wäre angesichts der Seltenheit solcher Fragestellungen unrationell. Die Untersuchung könnte in DNA-Labors von rechtsmedizinischen Instituten oder von Landeskriminalämtern erfolgen.

8   Ergebnis

Das Ergebnis der Dopingkontrollen wird von den Labors den zuständigen Stellen der Fachverbände bzw. der ADK mitgeteilt. Bei positiver A-Probe wird anhand der Codenummern auf den Protokollen der Name des Sportlers ermittelt. Das Verfahren wird verbandsintern in Gang gesetzt. Dazu gehören u. a.:

✗ Information an den Sportler oder die Sportlerin über positiven Befund;

✗ Anhörung des Sportlers oder der Sportlerin;

✗ Analyse der B-Probe;

✗ Verbandsgerichtsverfahren;

Wird eine Gegenanalyse (B-Probe) beantragt, hat sie in der Regel im gleichen Labor zu erfolgen, in dem die Erstuntersuchung vorgenommen wurde. Der Sportler/die Sportlerin kann einen Chemiker oder Toxikologen benennen, der bei der Gegenanalyse anwesend sein soll. Diese soll wenige Tage nach Antragstellung durchgeführt werden. Ein Vertreter das Fachverbandes sollte ebenfalls anwesend sein.

Für die Gegenanalyse wird der Versandbehälter mit den B-Proben der entsprechenden Veranstaltung im Beisein aller Beteiligten geöffnet. Die in Frage kommende Probe wird identifiziert, geöffnet und analysiert.

In rund **0,5 %** der Proben gab es in den letzten Jahren **positive Befunde**, die Sanktionen nach sich gezogen haben. Vornehmlich wurden anabole Wirkstoffe, Stimulantien und Diuretika nachgewiesen.

9   Sanktionen

Die Sanktionen sind in den einzelnen Fachverbänden unterschiedlich. Sie lauten u.a.:

✓   Sofortiges Startverbot;

✓   Aberkennung des Wettkampfergebnisses;

✓   bei Mannschaftssportarten Verlust des Spiels;

✓   Rückgabe der Preise, Medaillen

✓   Wettkampfsperre, Geldstrafe.

1999 hat der Hauptausschuss des DSB beschlossen, dass nach einem positiven Dopingfall die Teilnahme an den folgenden OS nicht möglich ist.

10   Bedarfsangepasste Ernährung
– Zusatzernährung

Die Ernährung des Sportlers oder der Sportlerin muss den Anforderungen des Trainings- und Wettkampfes gerecht werden. Über eine optimale Ernährung herrscht in Sportlerkreisen oft Unkenntnis. Viele schwören auf Spezialrezepte, von denen sie sich eine enorme Leistungssteigerung versprechen. Auch die Tatsache, dass erfolgreiche Nationalmannschaften und bekannte

Sportler und Sportlerinnen für Spezialzubereitungen oder entsprechende Präparate werben, zeugt nicht von deren Wirksamkeit, sondern deutet manchmal auf geschäftliche Interessen hin. Um den oft geheimnisvollen Vorstellungen entgegenzutreten, sollen einige Hinweise für eine sinnvolle Ernährung der Sportler und Sportlerinnen gegeben werden.

Die Ernährung ist ein Bilanzproblem. Zwischen dem Bedarf des Sportlers und der Deckung dieses Bedarfs durch die Nahrung und körpereigene Vorräte sollte im Idealfall ein Gleichgewicht bestehen, wobei es sich letztlich um ausgeglichene Einzelbilanzen von verschiedenen Substanzgruppen handelt.

Wird der tägliche Bedarf an essentiellen Stoffen (Tabelle 4) abgesichert, ist also die Nahrungszufuhr dem Verbrauch angepasst und entsteht keine Unterversorgung, ist über die Ernährung eventuell auch über eine parenterale Zufuhr keine zusätzliche Leistungssteigerung zu erzielen. Der mittlere empfohlenen Tagesbedarf eines 70 kg (+20%) schweren Mannes beträgt 1,5 – 2,5 l Wasser, rund 500 g an festen, Energie liefernden Nährstoffen, 10 g Mineralstoffe und Spurenelemente sowie 100 mg Vitamine. Falls nun über längere Zeit bei einem der rund 50 Nährstoffe ein krasser Mangel eintritt, so hat dies unweigerlich einen Leistungseinbruch zur Folge, der sich durch keine – noch so ausgeklügelte – Trainingsmaßnahme ausgleichen lässt, sondern nur durch Zufuhr dieser Nährstoffe (KIEFFER, 1990).

Tab. 4:   Empfohlene Nährstoffzufuhr für erwachsene Männer
            (KIEFFER, 1990)

Energie: ca 10 000 kJ oder	d.h. ca. 350 g	Kohlenhydrate
2 400 kcal	80 g	Fett
	70 g	Proteine
1,0 mg Vitamin A (3333 I. E.)	3 – 4 g	Kalium
5,0 µg Vitamin D3 (200 I. E.)	1 – 3 g	Natrium
12,0 mg Vitamin E (18 I. E.)	0,8 – 1,0 g	Calcium
0,08 mg Vitamin K1	0,3 – 0,4 g	Magnesium
1,3 mg Thiamin (Vit. B1)	2 – 5 g	Chlorid
1,7 mg Riboflavin (Vit. B2)	0,8 – 1,0 g	Phosphor
1,8 mg Pyridoxin (Vit. B6)	15 mg	Zink
5,0 µg Cobalamin (Vit. B12)	12 mg	Eisen
0,10 mg Biotin		(Frauen 18 mg)
0,16 mg Folsäure (reine)	2 – 5 mg	Mangan
18,0 mg Nicotinamid (Niacin)	2.- 4 mg	Kupfer
8,0 mg Pantothensäure	0,18 – 0,20 mg	Jod
	0,10 – 0,20 mg	Molybdän
	0,05 – 0,20 mg	Chrom
	0,07 – 0,15 mg	Selen

10.1   Nährstoffkonzentrate

In den letzten Jahren werden den Sportlern/Sportlerinnen zunehmend Nährstoffkonzentrate unterschiedlicher Zusammensetzung angeboten. Ihr Einsatz sollte auf dem Hintergrund einer bedarfsangepassten ausgewogenen gemischten Kost kristisch – auch hinsichtlich des Preises – betrachtet werden:

✗ Sie enthalten in einer Volumeneinheit eine hohe Nährstoffdichte.

✗ Sie ersetzen nicht die Basisernährung in Form der bedarfsangepassten ausgewogenen Kost.

✗ Sie sind geeignet, die Basisernährung anzureichern und zu ergänzen.

✗ Sie sollen rasch die Stoffe ersetzen, die durch Training oder Wettkampf verloren gegangen sind, wie vornehmlich Mineralien und Kohlenhydrate, weniger Vitamine und Eiweiß = Ausgleich der einzelnen Bilanzen.

✗ Es nützt nichts, sie vorbeugend zu nehmen.

Im wesentlichen unterscheidet man folgende **Nährstoffkonzentrate**:

Mineralstoffpräparate – Spurenelemente

Sie sollen die vornehmlich mit dem Schweiß verlorengegangene Mineralstoffe (wie Magnesium, Kalium, Calcium, Eisen) rasch ersetzen und sollten in isotonischer Lösung vorliegen. Sie sind als Instant-Ware oder als Fertiggetränk im Handel.

Kohlenhydratpräparate

Sie dienen zum raschen Wiederauffüllen der Glykogen-
depots. Sie sind unterschiedlich zusammengesetzt und
bestehen im wesentlichen aus Mono-, Di- und Oligosacchariden. Sie sind als Energiebarren/-riegel oder als
Getränk im Handel.

Kohlenhydrat- Mineralstoffgemische

Diese Kombination ist sehr sinnvoll. Die während der
Belastung verbrauchten Kohlenhydrate, das mit dem
Schweiß verlorengegangene Wasser und die dazugehöri-
gen Mineralien werden ersetzt. Die Kohlenhydratkonzen-
tration sollte jedoch beachtet werden. Sie sollte unter 10%
liegen und möglichst aus Oligosacchariden bestehen. Zu
hohe Osmolarität verzögert Magenentleerung und Resorp-
tion und führt zu Magen-Darmbeschwerden.

Eiweißkonzentrate

Sie sollen biologisch hochwertiges Eiweiß (auf Milchpul-
ver und/oder Sojaeiweißbasis) mit allen essentiellen
Aminosäuren in ausgewogenem Verhältnis zueinander
liefern. Sie werden als Pulver anderen Nahrungsmittel zu-
gesetzt.

Nährstoffkombinationen

Mit unterschiedlichen Anteilen an Kohlenhydraten und Eiweiß sowie Vitaminen und Mineralien.

Zusammenfassend einige Hinweise zur Ernährung von Sportlern:

✗ Basis für jede sportliche Leistung ist eine bedarfsangepasste ausgewogene Mischkost.

✗ Der Kohlenhydratanteil ist häufig zu gering.

✗ Flüssigkeitsverluste müssen rasch, d.h. schon während der Belastung, insbesondere bei Hitze, ersetzt werden (BROUNS, 1995).

10.2   Substitution

Nach einer Erklärung des Deutschen Sportärztebundes von 1983 ist bei Leistungssportlern unter Substitution im medizinischen Sinne der Ersatz von für den Körper unbedingt notwendigen Substanzen zu verstehen, die für den Energie- und Baustoffwechsel benötigt werden, die vom Organismus selbst nicht synthetisiert werden können und deren ungenügende Zufuhr die sportliche Leistungsfähigkeit beeinträchtigt. Dazu gehören Wirkstoffe wie Vitamine, Elektrolyte, Spurenelemente und Nährstoffe bzw. energieliefernde Substanzen wie Kohlenhydrate und Eiweiß. Ein Ersatz dieser Bestandteile der Nahrung in Form von Konzentratnahrung bzw. speziellen Zubereitungen ist im Sport erlaubt, insbesondere wenn durch Training und Wettkampf ein erhöhter Verbrauch oder eine erhöhte Ausscheidung gegeben sind.

Die Zufuhr von Substanzen, die von einem gesunden Organismus selbst synthetisiert werden können wie Hormone (z.B. Testosteron, Cortisol, Wachstumshormon, Erythropoietin) widerspricht dem medizinischen Verständnis des Begriffes Substitution (CLASING, 1992).

10.3   Kreatin

In zahlreichen Sportarten bzw. Disziplinen mit kurzdauernden hochintensiven Belastungen gilt die Zugabe von Kreatin zur Ernährung als Tipp, um Sprint-, Schnellkraft- oder Kraftleistungen zu verbessern. Ein Einfluss auf die Ausdauerleistungsfähigkeit besteht (wohl) nicht.

Im Organismus eines 70 kg schweren Mannes finden sich rund 120 (bis 140) g Kreatin (Methyl-Guanidin-Essigsäure). 95 % davon liegen im Skelettmuskel. Die Spiegel können schwanken. Sie sind vom Muskelfasertyp, vom Alter, von Erkrankungen, vom Training und bedingt vom Geschlecht abhängig. Die Verfügbarkeit von Kreatinphosphat ist wohl der wichtigste leistungsbegrenzende Faktor für kurzdauernde hochintensive Belastung.

Der tägliche Bedarf beträgt 2 g. 50 % davon werden in der Leber, Bauchspeicheldrüse und Niere aus Argenin, Glycin und Methionin synthetisiert. Die tägliche Aufnahme aus gemischter Kost beträgt rund 1 g. Kreatin findet sich in tierischen Produkten wie Fleisch und Fisch und nur in Spuren in pflanzlicher Kost. Es ist somit normaler Bestandteil unserer Nahrung. Vegetarier, die weder Fleisch noch Fisch essen, haben einen niedrigen Kreatingehalt ihrer Muskulatur. Sie haben den größten Vorteil von einer zusätzlichen Kreatinaufnahme.

Die meisten vorliegenden wissenschaftlichen Untersuchungen haben Wirkungen auf die Muskelarbeit mit einer zusätzlichen Dosierung von viermal 5 g Kreatin (= 20 g/Tag) festgestellt. Die Kreatinaufnahme in die Muskulatur ist in den ersten beiden Tagen am stärksten. Es scheint eine obere Grenze der Kreatinmenge zu geben, die im Muskel gespeichert werden kann. Diese wird für die meisten Probanden mit 140-160 mmol/kg Muskeltrockengewebe angegeben.

Nach fünf Tagen ist der Muskel gesättigt. Um die Sättigung zu halten werden 2 g/Tag aufgenommen. Nach Absetzen sinken die Kreatindepots im Muskel über einen Zeitraum von sechs bis acht Wochen nur langsam ab. Eine Einzelportion Kreatin von 5 g entspricht dem Kreatingehalt von 1,1 kg frischem Rindfleisch.

Überschüssiges Kreatin wird als Kreatinin über die Nieren ausgeschieden. Nebenwirkungen durch Überdosierung entstehen
nicht. Es bringt keine Vorteile überhöhte Dosen aufzunehmen.
Als Nebenwirkungen wird über vermehrte Neigung zu Muskelkrämpfen, Magen-Darmbeschwerden sowie erhöhtes Körpergewicht durch Wassereinlagerung berichtet.

Zusammenfassend ist festzustellen:

✗ Kreatin ist ein normaler Bestandteil unserer Nahrung. Der
tägliche Bedarf beträgt 2 g. Davon wird 1 g mit Fleisch und
Fisch aufgenommen. Der Rest wird im Körper synthetisiert.

✗ Zusätzliche Kreatinaufnahme (20 g/Tag über fünf Tage)

  ✓ erhöht das Körpergewicht;

  ✓ kann zu einer verbesserten Leistung für intensive
  Belastungen von kurzer Dauer führen;

  ✓ hat keinen Einfluss auf die Ausdauerleistungsfähigkeit;

✗ Vegetarier, die weder Fisch noch Fleisch essen, haben den
größten Vorteil von einer zusätzlichen Kreatinaufnahme.

✗ Kreatin gehört nicht zu den verbotenen Substanzen (im Sinne
von Anti-Doping-Richtlinien). Weder das IOC noch irgend
ein internationaler Sportverband haben ein Verbot aus-
gesprochen oder haben es vorgesehen (CLASING, 1996;
JUHN, 1999; SCHEK, 2000)

10.4 Warnung vor kontaminierten Nahrungsergänzungsstoffen

✗ Aufgrund sich häufender Meldungen über kontaminierte Nahrungsergänzungsstoffe hat sich die gemeinsame Anti-Doping-Kommission von DSB/NOK in ihrer Sitzung am 22. November 2000 in Frankfurt mit diesem Problembereich befasst. In Absprache der beiden Laborleiter Professor R. Klaus Müller (Kreischa) und Professor Wilhelm Schänzer (Köln) mit dem Vorsitzenden der Kommission, Professor Ulrich Haas, warnt die ADK grundsätzlich vor der Einnahme dieser Stoffe.

✗ Verschiedene Nahrungsergänzungsstoffe können dem Dopingverbot unterliegende Steroidhormone (bzw. Vorläufersubstanzen derselben) enthalten, auch ohne dass dies aus den Herstellungsangaben ersichtlich ist. Hauptsächlich betrifft das zwar Produkte aus den USA (in denen ein Teil dieser Steroide nicht als Arzneimittel gelten und daher frei erhältlich sind), daneben offenbar aber auch Präparate aus anderen Ländern über Lizenzbeziehungen, Weiterverarbeitungen und Lohnaufträge.

Konsumieren Athleten solche Nahrungsergänzungspräparate mit den beschriebenen (Spuren)Beimengungen, können anschließend abgegebene Dopingkontroll-Urinproben positive Analysenbefunde wie bei Einnahme verbotener Steroidanabolika (z.B. von Nandrolon) liefern.

Nach dem gültigen IOC-Dopingreglement erfüllt dies den Tatbestand des Dopings (Art 2, Abs. 2, Kap. II, Anti-Doping-Code).

Es ist daher eindringlich vor der Anwendung von Nahrungsergänzungsstoffen zu warnen, da das Risiko zur Zeit nur von den Konsumenten getragen wird.

Vorbeugende Untersuchungen solcher Präparate seitens der Labore würden keine Gewähr bieten, da sie jeweils nur für die untersuchten Packungen und nicht für alle Chargen des gleichen Präparats gelten könnten.

Solange zentrale Initiativen zum Verbot solcher Steroidbeimengungen (oder zu Ihrer Einstufung als Arzneimittel mit entsprechendem Deklarationszwang auch in den Hauptursprungsstaaten) noch keinen Erfolg haben, kann die Unbedenklichkeit bestimmter Produkte lediglich seitens einzelner Hersteller bescheinigt werden, die eine umfassende Qualitätskontrolle ihrer Ausgangsstoffe und Fertigpräparate auf Steroidhormone und deren Vorläufersubstanzen garantieren.

Ausländische Nährstoffkonzentrate/Zusatzernährung (z.B. unter dem Namen Chrysin, Guarana, Tribulus Terrestis) können dem Dopingverbot unterliegende Steroidhormone oder deren Vor-

läufersubstanzen enthalten, ohne dass das aus den Hersteller-
angaben ersichtlich ist. Bei Genuss kann die Dopingunter-
suchung positiv (z.B. auf Nandrolon) ausfallen.

Bei asiatischen Tees muss auf die Beimengung von Ephedrin
geachtet werden. Es ist daher eindringlich vor der Anwendung
von Nahrungsergänzungsstoffen zu warnen, da das Risiko zur
Zeit nur von den Konsumenten getragen wird.

11   Zur medikamentösen Behandlung

Kranke Sportler und Sportlerinnen müssen gezielt mit den erforderlichen Medikamenten behandelt werden. Eine Wettkampfteilnahme muss unterbleiben.

„Unbedenkliche" Wirkstoffgruppen hat das IOC in seinem
Medical Code veröffentlicht (Tabelle 5). Auf dieser Grundlage
gibt die ADK DSB/NOK regelmäßig eine „Liste zulässiger
Medikamente" heraus. Diese Aufstellung beinhaltet eine Auswahl von Medikamenten, deren Gebrauch mit den Dopingbestimmungen vereinbar ist. Sie ist nach Leitsymptomen bzw.
Beschwerden eingeteilt. Die genannten Medikamente dienen als
Beispiele. Eine Aussage über deren Wirksamkeit wird damit
nicht gemacht.

Medikamente, die auf der Liste der verbotenen Substanzen stehen, dürfen zur Behandlung nicht eingesetzt werden, solange der Sportler noch im Wettkampf steht. Es ist zu beachten, dass manche Wirkstoffe im Körper nur langsam verarbeitet und ausgeschieden werden. Eine positive Wettkampfkontrolle kann nicht mit (erlaubter) Medikamenteneinnahme im Training entschuldigt werden.

Der Gefahr von Verwechslungen muss durch Überprüfen der Zusammensetzung der Medikamente vorgebeugt werden. Unter einem Medikamentennamen können sich verschiedene Zusammensetzungen verbergen (Tabelle 6).

Tab. 5:　IOC-Liste „erlaubter" Medikamente oder Medikamentengruppen) zur Behandlung der Sportler (Stand 1995)

1.Antazida – Antidiarrhoika	11.Hypnotika, Sedativa, Tranquillantien
2.Antiasthmatika – Antiallergika	
3.Antiemetika	12.Insulin – Antidiabetika
4.Magen-, Darmmittel	13.Muskelrelaxantia
5.Aspirin und ähnliche Analgetika, entzündungshemmend, nicht steroidal	14.Salben, Cremes, Linimente
	15.Ophtalmika – Otologika
	16.Penicilline – Antibiotika
6.Kontrazeptiva (Antibabypille)	17.Antiepileptika
7.Rhinologika	18.Antihistaminika
8.Antitussiva – Expektorantia	19.Laxantia
9.Antimykotika	20.Vaginaltherapeutika
10.Hämorrhoidenmittel	21.Vitamine – Mineralien

Tab. 6:   Einige Medikamente, die zu Verwechslungen führen
           können und die verbotenen Wirkstoffe

unbedenklich	Medikament mit verbotenem	Wirkstoff
Agit® depot sanol	Agit® plus sanol	Etilefrin
Dihydergot®/ forte,/ retard	Dihydergot® plus	Etilefrin
Mucosolvan®	Spasmo Mucosolvan®	Clenbuterol
Olynth® Schnupfen Lösung/Gel	Olynth® Kombi Schnupfen Saft/-Tabletten	Pseudoephedrin
Rhinopront® Spray	Rhinopront® Kapseln Rhinopront® Saft	Phenylephrin Phenyl- propanolamin
Wick Formell 44 Husten-Löser	Wick MediNait®, Erkältungs- saft für die Nacht Wick DayMed Erkältungsgetränk für den Tag	Ephedrin Phenylephrin
	Wick® DayMed Erkältungs-Kapseln für den Tag	Phenylpropanolami n
Mobilat® Gel/Salbe	Dolo Mobilat-Gel	Ephedrin

Bei Erkältungskrankheiten sollten ephedrinfreie Medikamente
gewählt werden. Der für Ephedrin angegebenen Grenzwert von
10 μg/ml Urin soll mögliche „Behandlungsdopingfälle" aus-
schließen. Werden die in Frage kommenden Wirkstoffe 36 bis
48 Stunden vor dem Wettkampf abgesetzt, ist mit Sicherheit
kein positiver Urinbefund zu erwarten.

Für die Gabe von anabolen Wirkstoffen an Gesunde gibt es keine Indikation.

Zur Behandlung einer obstruktiven Lungenerkrankung, eines allergischen oder eines Anstrengungsasthmas dürfen Ephedrin wie auch systemisch eingesetzte Kortikosteroide nicht angewandt werden. Mittel der Wahl sind heute Beta-2-Agonisten. Diese unterliegen jedoch grundsätzlich dem Dopingverbot (s .oben). Um den betroffenen Sportlern/Sportlerinnen zu helfen, hat das IOC nachfolgende Wirkstoffe zur Inhalation (by inhaler) zugelassen. Darunter fallen die Darreichungsformen wie Dosier-Aerosole, Pulver zur Inhalation, Diskus, Inhalationslösung, Fertiginhalat, EasyHaler u.ä.. Die Erkrankung muss von einem Lungenfacharzt bestätigt und angezeigt werden.

Die drei Wirkstoffe mit Beispielen:

Salbutamol

Arubendol® Salbutamol Dosieraerosol, Apsomol® N Aerosol, Apsomol® Inhalationslösung, Apsomol® Fertiginhalat Lösung, Bronchospray® novo Dosier-Aerosol, Broncho Inhalat Lösung, Broncho Fertiginhalat Lösung, Sultanol® Fertiginhalat, Sultanol® forte Fertiginhalat, Sultanol® Inhalationslösung, Sultanol® N Dosier-Aerosol, Sultanol® Rotadisk®

Salmeterol

aeromax® Dosier-Aerosol, aeromax® Diskus®, Serevent® Dosier-Aerosol, Serevent® Diskus®

Terbutalin

Aerodur® Turbohaler®, Bricanyl® Dosieraerosol, Bricanyl® 1% Lösung zur Inhalation, Contimit® Dosieraerosol

Die systemische Einnahme dieser Wirkstoffe, z.B. als Tabletten, Kaspeln, Injektion, Tropfen oder Saft, ist **nicht** gestattet.

Der Einsatz von Kortikosteroiden in Form von Inhalationen wird geduldet. Dazu einige Beispiele:

Beclometason

Aero Bec® Autohaler, Bronchocort®-Dosieraerosol, Ventolair®-Dosieraerosol

Budesonid

Pulmicort® Turbohaler, Busesonid....Dosieraerosol,

Flunisolid

Inhacort® Dosieraerosol,

Gegen die Verwendung von Cromoglicinsäure als Spray, Tropfen, Inhalat und Granulat bestehen keine Bedenken. **Vorsicht**: Die Kombinationspräparate Aarane® und Allergospasmin® enthalten zusätzlich den verbotenen Beta-2-Agonisten Repoterol.

Die Methylxantine Aminophyllin und Theophyllin (z.B. Euphyllin®) sowie Ipratropiumbromid (z.B. Atrovent®) können indikationsgerecht eingesetzt werden.

Die systemische Anwendung von Kortikosteroiden ist verboten. Es sind die örtliche Anwendung (After, Augen, Haut, Nase, Ohren), die als Inhalation (Asthma, allergischer Schnupfen) und die örtliche oder intraartikuläre Injektion erlaubt.

Der Einsatz von Lokalanästhetika zur Ausschaltung akuter und chronischer Schmerzen ist möglich. Gegen die Anwendung von Bupivacain, Lidocain, Mepivacain und Procain bestehen keine Bedenken jedoch gegen Cocain.

Als erlaubte Schmerzmittel und auch Hustenblocker nennt das IOC:

Codein (Codipront®), Dextromethorphan (Arpha), Dextropropoxyphen (Develin®), Dihydrocodein (Paracodin®), Ethylmorphin, Pholcodin, Propoxyphen und Tramadol (Tramal).

Für die örtliche Anwendung an Augen und Nase sind Imidazol-
und örtliche wirksame Phenylephrin-Präparate zugelassen.

Beispiele:

Auge Otriven® Augentropfen,

    Visadron® Augentropfen,

    Yxin® Augentropfen

Nase Nasivin® gegen Schnupfen Nasentropfen;
Nasentropfen in Einzelpipetten, Spray, Dosier-
spray, Gel Olynth® Schnupfen-Lösung,
Schnupfen-Gel; Otriven® gegen Schnupfen
Nasentropfen, Nasenspray, Dosierspray, Nasen-
gel

Mit qualifiziertem ärztlichen Attest sind die Behandlung eines
insulinpflichtigen Diabetikers mit Insulin sowie die eines Asth-
matikers mit den zugelassenen Beta-2-Agonisten (Salbutamol,
Salmeterol und Terbutalin) als Inhalation meldepflichtig. Das
Attest muss vor dem Wettbewerb bzw. der Trainingskontrolle
hinterlegt werden. Unstrittig ist, dass diese Anzeige bei Olympischen Spielen gegenüber der Medizinischen Kommission des
IOC zu erfolgen hat. Ansonsten ist der nationale Fachverband
(bzw. die ADK DSB/NOK) Empfänger des ärztlichen Zeugnis-

ses. Die Medikamentengabe muss darüber hinaus im Protokoll der Dopingkontrolle vermerkt werden.

Die Behandlung mit Lokalanästhetika und Glukokortikoiden muss angezeigt werden, wenn es das Regelwerk des Verbandes verlangt.

12   Schriften der ADK DSB/NOK

Rahmen-Richtlinien zur Bekämpfung des Dopings letzte Fassung vom 27.11.1999

Medizinischer Code des Internationalen Olympischen Komitees Stand 1. Januar 2000

„Doping-Card" Ausgabe April 2000

Doping-Kontrollsystem (DKS) Ausgabe Mai 1998

Ich werde kontrolliert – Der Ablauf einer Dopingkontrolle. 2. Auflage Mai 1998

Liste zulässiger Medikamente 5. Auflage Mai 2000

13 Literatur (zitierte und weiterführende)

ALT, A.; REINHARDT, G.: Speiseöle auf Hanfbasis und ihr Einfluss auf die Ergebnisse von Urin- und Blutanalysen. *Blutalkohol 33 (1996), 347*

BOOS, C.; WULFF, P.; KUJATH, P.; BRUCH, H.-P.: Medikamentenmissbrauch beim Freizeitsportler im Fitnessbereich. *Deutsches Ärzteblatt 95 (1998), B-774*

BROUNS, F.: Die Ernährung von Wettkampfsportlern. *Leistungssport 25 (1994) 1, 43*

CLASING, D. (Hrsg.): Doping – verbotene Arzneimittel im Sport. Stuttgart, Jena, New York 1992 und dort angegebene Literatur

CLASING, D.: Kreatin. *Dtsch. Zschr. Sportmed. 47 (1996), 350*

CLASING, D.: Erythropoietin. *Dtsch. Zschr. Sportmed. 48 (1997), 452*

COWART, V.S.: Erythropoetin.: A dangerous new form of blood doping? *Physician Sportmed 17 (1989), 115*

DACKIES, C.A. et al.: Persistence of urinary marijuana levels after supervised abstinence. *Am. J. Psychiatry 139 (1982), 1196*

DI PASQUALE, M.G.: Clenbuterol: A new anabolic drug. *Drugs in Sport 1 (1992) 1, 8*

DONIKE, M.; RAUTH, S.: Dopingkontrollen. Köln 1996

EKBLOM, B.; BERGLUND, B.: Effect of Erythropoetin. administration on maximal aerobic power. *Scand. J. Med. Sci. Sports 1 (1991), 88-93*

GLEDHILL; N.: Blood doping and related issues: a brief review. *Med. Sci. Sports Exerc. 14 (1982), 183*

HAUG, E.; BIRKELAND, K.-I.; HEMMERSBACH, P.; SCHREINER, T.: Effects of doping agents on endocrine axes implications for doping control. In: HEMMERSBACH, P.; BIRKELAND, K.I. (Ed.): Blood samples in doping control. Allkopi (Norway) 1994

JACOBSON, B.H.; KULLING, F.A.: Health and ergogenic effects of caffeine. *Brit. J. Sports Med. 23 (1989), 34*

JUHN, M.S.: Oral creatine supplementation – Separating fact from hype. *Physic. Sportsmed. 27 (1999) 5, 47-89*

KIEFFER, F.: Die Bedeutung der Spurenelemente für Sportler. *Leistungssport 20 (1990) 4, 29*

MARTINEAU, L.; HORAN, M.A.; ROTHWELL, N.J.; LITTLE, R.A.: Salbutamol, a ß2-adrenoreceptor agonist, increases skeletal muscle strength in young men. *Clinical Science 83 (1992), 615*

MORTON, A.R.; FITCH, K.D.: Asthmatic drugs and competitive Sport. *Sports Medicine 14 (1992), 228*

RAMOTAR, J.E.: Cyclists'deaths linked to Erythropoietin? *Physician Sportsmed. 18 (1990), 48*

SCHEK, A.: Kreatin-Supplemente für jedermann. *Leistungssport 30 (2000) 2, 58*

14 Internet-Anschriften

(mit Hinweisen zur Dopingproblematik)

Internationales Olympisches Komitee
http://www.olympic.org
EU-Commission
http://europa.eu.int/comm/sport/
Council of Europa
http://culture.coe.fr
_ sport
_ Anti-Doping-Convention
Deutscher Sportbund
http://www.dsb.de
Deutsche Gesellschaft für Sportmedizin und Prävention
http://www.dgsp.de
Bundesinstitut für Sportwissenschaft
http://www.bisp.de
Deutsche Zeitschrift für Sportmedizin
http://www.zeitschrift-sportmedizin.de
Bund Deutscher Radfahrer
http://www.bdr-online.org
Canadian centre for sports ethics
http://www.cces.ca
Bundesamt für Sport Magglingen, Schweiz
http://www.dopinginfo.ch
Österreichisches Anti Doping Comite
http://www.asn.or.at/oeadc
NeCeDo Nederlands Centrum voor Dopingvraagstukken
http://www.necedo.nl

15 Abkürzungen

AIDS	Acquired Immunodeficience Syndrome
ACTH	Adrenocorticotropes Hormon
ADK	Anti-Doping-Kommission
BDR	Bund Deutscher Radfahrer
BISp	Bundesinstitut für Sportwissenschaft
C12, C13	Kohlenstoffisotope
DDR	Deutsche Demokratische Republik
DGSP	Deutsche Gesellschaft für Sportmedizin und Prävention e.V.
DKS	Dopingkontrollsystem
DNA	Desoxyribonukleinsäure
DSÄB	Deutscher Sportärztebund e.V. jetzt DGSB
DSB	Deutscher Sportbund
dl	Deziliter
$	Dollar
E	Epitestosteron
EPO	Erythropoietin
FIS	Fédération Internationale de Ski
GC	Gaschromatographie
g	Gramm
Gh	Growth Hormon (Wachstumshormon)
GmbH	Gesellschaft mit beschränkter Haftung

Hb	Hämoglobin
hCG	Choriongonadotropin
hGH	Wachstumshormon
HPLC	Hochdruckflüssigkeitschromatographie
HRMS	High Resolution Mass Spectrometry, Hoch-auflösungs-MS
IDAS	Institut für Dopinganalytik und Sportbiochemie Kreischa
ID-Karte	Ausweis
I E	internationale Einheiten
IGF-1	Insulinartiger Wachstumsfaktor
IOC	Internationales Olympisches Komitee
IRMS	Isotope Ratio MS, Isotopenverhältnis-MS
ISO	Norm
kcal	Kilo-Kalorien
kg	Kilogramm
kJ	Kilo-Joule
l	Liter
LC	Flüssigkeitschromatographie
LH	luteinisierendes Hormon
mg	Milliliter
mmol	millimol
MS	Massenspektrometrie

µg	Mikrogramm
NDPD	Detektor
NFID	Stickstoffdetektor
ng	Nannogramm
NOK	Nationales Olympisches Komitee
OS	Olympische Spiele
PFC	Perfluorocarbon
pH	gibt die saure – alkalische Reaktion einer Lösung an
PWC	Firma Physical Work Controll München
®	geschütztes Warenzeichen
SHBG	sexualhormonbindendes Globulin
T	Testosteron
THC	Tetrahydrocannabinol
UCI	Union Cycliste Internationale
WADA	World Antidoping Agency
WM	Weltmeisterschaft

16 Anlagen

Anlage 1 Aufforderung zur Dopingkontrolle – Beispiel OS München 1992

Contrôle de dopage
Doping Control
Dopingkontrolle

Nom Surname Name		Prénom First Name Vorname
CNO NOC NOK	Numéro de départ Starting Number Startnummer	
	Par la présente, je confirme la convocation au contrôle de dopage	I hereby confirm that the summons to undergo doping control has been delivered	Hiermit bestätige ich die Aufforderung zum Dopingtest
Préposé au prélèvement Doping supervisor Fester Abnahme		
Discipline sportive Discipline Sportart		
Date Date Datum	Signature Signature Unterschrift	Temps Time Zeit

München ⟨⟨⟨⟩⟩⟩ 1972

Organisations-
komitee
für die Spiele
der XX. Olympiade
München
1972

Invitation au   Summons   Aufforderung
contrôle de dopage   for Doping Control   zum Dopingtest

Discipline sportive Discipline Sportart		
Nom Surname Name		Prénom First Name Vorname
Épreuve Event Disziplin		
Date Date Datum		
CNO NOC NOK		
Numéro de départ Starting number Startnummer		

Vous avez été sélectionné pour subir
un contrôle de dosage et vous
êtes prié de vous présenter à

You have been selected to undergo a
doping test and
are requested to come to Room

Sie wurden für Ihren Dopingtest
ausgewählt und
werden gebeten, sich im

dans, à prière,   at the   (6) Raum

Au plus tard à   at   spätestens um

Preavis
Vous pouvez être escorté de votre médecin,
entraîneur ou accompagnateur.
Si vous ne vous présentez pas au
contrôle de dopage, vous serez exclu
des Jeux Olympiques conformément à
l'article 4 du Règlement de dopage.

o'clock at the latest.
You may be accompanied by a doctor,
trainer or team official.
If you fail to appear for the
test, you will be eliminated from the
Olympic Games in accordance with 14
of the Doping Regulations.

Uhr einzufinden.
Sie können in Begleitung Eines
Teamer oder Betreuer erscheinen.
Sollten Sie der Probeentnahme
fernbleiben, werden Sie nach § 4 der
Dopingbestimmungen von den
Olympischen Spielen ausgeschlossen.

Signature du responsable du contrôle de dopage
Signature of the Doping Officer
Unterschrift des Dopingoffiziellen

Anlage 2 Protokoll der Dopingkontrolle – Beispiel Bund Deutscher Radfahrer (BDR)

Original für BDR-Geschäftsstelle
Original pour la Fédération Nationale

BUND DEUTSCHER RADFAHRER e.V.
Otto-Fleck-Schneise 4
60528 Frankfurt/Main

Protokoll der Dopingkontrolle

Procès verbal de contrôle de dopage

1. Datum:
   Date:

2. Ort:
   Lieu:

3. Veranstaltung (Name, Etappe):
   Course (nom, étape)

4. Disziplin:
   Discipline:

5. Name des Fahrers:
   Nom du coureur:

   Vorname:
   Prénom:

6. Lizenznummer:
   No. de licence:

7. Rückennummer:
   No. de dossard:

8. Land:
   Pays:

9. Begleiter:
   Accompagnateur:

10. Uhrzeit bei Erscheinen:
    Heure de présentation:

11. Uhrzeit der Probenentnahme:
    Heure de prélèvement:

12. Flaschencode:
    Code des flacons: A + B

13. Uhrzeit der Verweigerung der Urinprobe:
    Heure de refus du donneur:

14. Bemerkungen – eingenommenes Medikament:
    Remarques   – Médicament pris:

    mit Ausnahme der oben genannten Bemerkungen, bestätige ich die ordnungsgemäße Probenentnahme
    sauf les remarques ci-dessus, je confirme la régularité des opérations de prélèvement

15. Sportler – Unterschrift:
    Athlète – Signature:

16. Begleiter:
    Accompagnateur:

17. Dopinginspekteur:
    Inspecteur médical:

18. Arzt:
    Médecin:

19. Unterschrift des Fahrers für Erhalt der Kopie:
    Signature du coureur pour réception de la copie:

Anlage 3   Abwesenheitsanzeige

Abwesenheitsanzeige

bei vier *(DLV drei Tage)* oder mehr Tagen Abwesenheit vom Wohn- oder Trainingsort 10 Tage vor Reiseantritt absenden an:

An das   Fax-Nr.: 069 - 672581
Referat Anti-Doping
des Deutschen Sportbundes
Otto-Fleck-Schneise 12

60528 Frankfurt am Main

BITTE DEUTLICH LESBAR IN DRUCKSCHRIFT AUSFÜLLEN

Name: _____

Vorname: _____

Verband: _____   Disziplin: _____
(BITTE KEINE KÜRZEL VERWENDEN)

Genaue Anschrift meines vorübergehend geänderten Aufenthaltsortes:

       gültig vom _____ bis _____

Land: _____

Ort: _____ PLZ: _____

Straße: _____

Hotel/Familie: _____

Telefon: _____ Telefax: _____

Ort, Datum   Unterschrift

Anlage 4   Ausweis des DSB für Dopingkontrollbeauftragte

AUSWEIS FÜR DOPING-
KONTROLLBEAUFTRAGTE
Deutscher Sportbund

Nr.

Name

Vorname

PA-Nr.
Frankfurt,

Vorsitzender ADK

Nationales
Olympisches
Komitee für
Deutschland

Der Inhaber dieses Ausweises handelt im Auftrag von DSB, NOK und der Spitzenverbände und ist berechtigt, die Wettkampf- und Trainingsstätten zu betreten und gemäß den Rahmenrichtlinien des DSB Dopingkontrollen vorzunehmen. Alle Funktionsträger werden gebeten, ihn dabei zu unterstützen.

Deutscher Sportbund
Gemeinsame Anti-Doping-Kommission von DSB/NOK (ADK)

Anlage 5 Protokoll der Dopingkontrolle außerhalb des Wettkampfes

Anti-Doping-Kommission

OTTO-FLECK-SCHNEISE 12
60528 FRANKFURT/MAIN

Medizinische Testverfahren im Sport

Original
für Anti-Doping-Kommission

Protokoll der Dopingkontrolle außerhalb des Wettkampfes

Name: _____   Ausgewiesen durch: _____

Vorname: _____

Verband: _____   Disziplin: _____

Geschlecht: _____   Kader: _____

Tag der Vorankündigung: _____ Uhrzeit: _____   Flaschencode: [_____] A+B

Tag der Abnahme: _____ Uhrzeit: _____   Harnmenge in ml: [_____]

Ort der Abnahme: _____   pH-Wert des Urins: [_____]

Harndichte: [_____]

Welche Medikamente haben Sie in den letzten
72 Stunden eingenommen: Letzte Urinabgabe: Tag/Zeit [_____ / _____]

_____

_____

Bemerkungen zur Abnahme: _____

_____

_____

_____

unter Hinweis auf die oben aufgeführten Bemerkungen bestätige ich die ordnungsgemäße Probenabnahme.

Unterschrift der Athletin / des Athleten: _____

Unterschrift der Begleitperson: _____

Unterschrift der Leiterin / des Leiters der Kontrolle: _____

Anlage 6   Trainingszeitenanzeige

Trainingszeitenanzeige
gültig für die Zeit vom _____ bis _____
Bitte absenden an:

An das   Fax-Nr.: 069 - 672581
Referat Anti-Doping
des Deutschen Sportbundes
Otto-Fleck-Schneise 12

60528 Frankfurt am Main

BITTE DEUTLICH LESBAR IN DRUCKSCHRIFT AUSFÜLLEN

Ich bin regelmäßig an folgenden Tagen im Training zu erreichen:

Wochentag	Uhrzeit	genaue Anschrift des Trainingsorts
Montag		
Dienstag		
Mittwoch		
Donnerstag		
Freitag		
Samstag		
Sonntag		

Verband:	
Name:	

Ort, Datum	Unterschrift